KATAMARANE

HELGE SACH
ANDREAS KLING

DER EINSTIEG

DSV-VERLAG • BUSSE SEEWALD

Abendstimmung in der Flaute wird auf dem Trampolin eines Katamarans erst richtig schön.

Impressum

Katamarane Der Einstieg
Helge Sach, Andreas Kling
Herausgeber: Peter Krampe
1. Auflage 1997

ISBN 3-88412-255-X

Manöverdarstellung:
Kirsa Kießling, Corinna Fahlbusch, Felix Schneider und Christian Sach
Fotos:
Andreas Kling
Grafik und Layout:
Machart, Hamburg
Lithos:
Reproform GmbH, Hamburg
Druck und Verarbeitung:
C. H. Wäser, Bad Segeberg

Printed in Germany

Vertrieb:
DSV-Verlag GmbH, Gründgensstraße 18, 22309 Hamburg
Busse Seewald GmbH, Ahmser Straße 190, 32052 Herford

Unser Segel-Team (Innentitelfoto von links):
Christian Sach (38), Segelprofi aus Zarnekau
Felix Schneider (7), Schüler aus Zarnekau
Kirsa Kießling (20), Studentin aus Hamburg
Corinna Fahlbusch (15), Schülerin aus Rellingen

Vorwort

Mit diesem Werk wollen wir Ihnen den Einstieg erleichtern, die Angst nehmen und vor allem Spaß am Katsegeln vermitteln.

Ob Segelsetzen, Wenden oder Mann-über-Bord-Manöver – alle Schritte werden in zusammenhängenden Texten, erläuternden Bildern und Grafiken beschrieben.

Parallel erklärt das Lexikon neue Fachbegriffe. Das Stichwortregister hilft beim Nachschlagen.

Zu jedem Kapitel finden Sie beispielhafte Fragen mit den entsprechenden Antworten. Hier können Sie testen, ob Sie die wichtigsten Zusammenhänge der verschiedenen Themenbereiche verstanden haben.
Katamaran-Segeln ist ein sportlicher Spaß für jung und alt.
Nur Mut zum Einstieg!
Wir begleiten Sie von der Vorbereitung bis zum Kentern und Aufrichten!

Andreas Kling

Helge Sach

Die Autoren

Helge Sach
* 30. Dezember 1956 in Zarnekau

1974
Vierter der
Deutschen Jugendmeisterschaften
1980
Erstmals Deutscher Meister
1985
Umstieg auf den Tornado-Katamaran
seit 1989
Privattrainer für Anfänger, Fortgeschrittene,
Ausbilder und Fachhändler
1990
Weltranglistenerster und EM-Bronze
seit 1992
Trailer-Bau und -Service
1993
Nacra-Europameister
Zum sechsten Mal Deutscher Meister
1994
Tornado-Vizeweltmeister
1996
Autor „Katamarane Das Buch“
1997
Bundeshonorartrainer des DSV

Andreas Kling
* 14. Januar 1963 in Kiel

1980
Freier Mitarbeiter beim
„Ostholsteiner Anzeiger“
1984
Volontariat beim „Ostholsteiner Anzeiger“
1986
Alleinverantwortlicher Sportredakteur
beim „Ostholsteiner Anzeiger“
seit 1987
Referent für Öffentlichkeitsarbeit
1988
Redakteur der Fachzeitschrift „Segelsport“
1990
Stellvertretender Chefredakteur
der Fachzeitschrift „Segelsport“
seit Mitte 1990
Freier Journalist in Text und Bild
1991
Seminarleiter für Öffentlichkeitsarbeit
seit 1993
Koordination verschiedener PR-Kampagnen
1996
Autor „Katamarane Das Buch“

Inhalt

Einführung

Bug:
Vorderes Ende eines Boots

Heck:
Hinteres Ende eines Boots

Schwimmer:
Die zwei Rümpfe des Katamarans

Vorderbeam:
Querverbindung vorn zwischen den Rümpfen

Achterbeam:
Querverbindung hinten zwischen den Rümpfen

Trampolin:
Tuch oder engmaschiges Netz zwischen Rümpfen und Beams

Der Wind weht durchs Haar, das Wasser spritzt ins Gesicht, mit einem Boot in freier Natur sich frei bewegen – das sind die schönen Attribute des Segelsports. Katamaransegeln bietet noch mehr. Noch schneller, noch berauschender, noch faszinierender. Segelschulen, Reiseveranstalter und Clubs spüren einen Run aufs Katsegeln.

Die Szene

Die Katszene boomt. Warum? Segeln gehört laut Umfragen der Freizeitforscher zu den beliebtesten Sportarten. Allerdings bleibt es für viele Menschen beim Träumen. Zu teuer, zu kompliziert oder zu gefährlich – das sind die unnötigen Hindernisse auf dem Weg aufs Wasser. Den Skeptikern fehlt der richtige Einstieg.

Zum Reinschnuppern und Lernen ist ein Katamaran besonders geeignet. Denn im Gegensatz zum Einrumpfboot kippt ein Kat nicht um, wenn sich ein unbedarfter Neuling auf den Rand setzt. Diese hohe Kippstabilität kommt dem Anfänger auch beim Segeln zugute, weil ein Zweirumpfboot nicht so leicht kentert wie eine Jollc. Auf dem Trampolin, dem gespannten Tuch zwischen den beiden Rümpfen, können auf dem ersten „Törn" sogar drei oder mehr Personen mitfahren. Bei Flaute dient es zudem als bequeme „Liegewiese".

Das Katamaransegeln hat auch das Clubleben der Aktivurlauber belebt. Ob Mittelmeer, Karibik oder Südsee – zum Beachlife mit fröhlichen Menschen gehören Katamarane dazu.

Diese Vorteile stehen jedoch erst an zweiter Stelle der Gründe, warum Katsegeln einen hohen Zulauf hat. Die meisten Einsteiger wollen den Tempospaß pur erleben, wenn ein Rumpf

Schon nach wenigen Tagen können Neulinge so sportlich segeln.

Sonne, Sand und Meer: Einsteiger-Katamarane am Strand von Cannes an der Côte d'Azur.

Wenn der Vater mit dem Sohne... Katamaransegeln ist praktisch keine Frage des Alters. Der siebenjährige Vorschoter erlebt bei Starkwind seine erste Katamaranstunde.

Backbord:
Links

Steuerbord:
Rechts

Luv:
Richtung, aus der der Wind weht (windzugewandte Seite, auf der der Steuermann sitzt)

Lee:
Richtung, in die der Wind weht (windabgewandte Seite, auf der die Segel stehen)

über der Wasseroberfläche in der Luft schwebt und die anderen Boote achteraus zurückbleiben. Bis dahin ist es gar kein weiter Weg. Schon nach wenigen Tagen Übung kann ein Kat sicher und schnell gesegelt werden.
Also: Keine Angst und rauf aufs Boot! Katsegeln ist nicht gefährlicher als Radfahren in der Feldmark. Verletzungen sind ausgesprochen selten und praktisch nie schwerwiegend. Selbst das vielgefürchtete Kentern ist ein „ganz normaler" Vorgang, der gelernt, geübt und beherrscht werden kann. Ebenso die Technik des Aufrichtens. Einzige Voraussetzung zum Katsegeln ist der gesunde Menschenverstand. Die verschiedenen Manöver sind zwar komplexe Vorgänge, deswegen aber nicht kompliziert. Gewußt wie, mit Spaß beim Lesen kommt auch der Spaß beim Segeln. Am besten übrigens zu zweit, ein Steuermann und ein Vorschoter im Wechsel, die sich gegenseitig motivieren. Und wo backbord (links) und steuerbord (rechts), wo Luv (windzugewandte Seite) und Lee (windabgewandte Seite) sind, kann jeder lernen. Egal ob er 7 oder 70 Jahre alt ist. Kinder und ältere Menschen beginnen – wie jeder andere Einsteiger auch – in Begleitung eines erfahrenen Katseglers.

So wird's gelernt

Die klassische Variante, das Katsegeln zu lernen, ist die Belegung eines Katamarankurses in einer Segelschule. Sie sollte vom Deutschen Segler-Verband (DSV) anerkannt sein. Eine Liste dieser Schulen (auch im Ausland) ist beim DSV zu erhalten.
Außerdem gibt es zwei Schulverbände, den Verband Deutscher Sportbootschulen (VDS) und der Verband Deutscher Windsurfing- und Wassersport-Schulen (VDWS). Beide haben ebenfalls eine Liste ihrer Mitgliedsschulen. Einige große etablierte Schulen sind in beiden Verbänden organisiert und obendrein vom DSV anerkannt.
Angeboten werden unterschiedliche Kurse, die meist mit der „Prüfung" zum Kat-Grundschein enden. Das ist nicht teurer als Kurse in anderen Sportarten. Der persönliche Erfolg bei einem Kursus hängt – wie überall – von der Zusammensetzung der Gruppe der Mitschüler, dem Können und der Art des Lehrers und nicht zuletzt vom Begleitmaterial, sprich dem Boot und dem Buch zum Einstieg ab. „Katamarane Der Einstieg" wurde unabhängig von jedweden Verbandslehrplänen geschrieben und rein an den Fragen und Problemen in der Praxis orientiert.
Der zweite Weg zum Katsegeln führt wie beim Skilaufen über Einzelunterricht mit einem Privattrainer. Der ist dann ganz für einen da, und kümmert sich nur um eine Einsteigercrew zur Zeit. Das ist zwar erheblich teurer, doch ebenso

Das Segeln im Doppeltrapez macht doppelt Spaß. Es gehört aber schon zu den Techniken für Fortgeschrittene.

Katsegeln als reine Männersache? Keineswegs! Auch für zwei Frauen oder Mädchen eignen sich Zweirumpfboote ideal zum Segelnlernen.

Trapez:
Draht vom Mast, an den sich ein Segler hängt, um sein Gewicht möglichst weit außenbords zu trimmen

Wanten:
Seitliche Drähte zum Halten des Masts

Abdrift:
Seitliches Versetzen des Kats nach Lee durch Winddruck

Kielflosse:
Hackenförmige Vertiefung unterm hinteren Drittel des Rumpfs (statt Schwertern)

Ruderanlage:
Einrichtung zum Steuern eines Kats

Fall:
Draht oder Tau, mit dem ein Segel gesetzt wird

Schot:
Leine zum Bedienen der Segel

Einige Segelschulen bieten in ihren Kursen kleine Kinder-Katamarane an, die auch allein gesegelt werden können.

effektiver. Wer also das Gruppenerlebnis nicht unbedingt will, mietet sich seinen persönlichen Coach.
Talentierte Anfänger können das Katsegeln sogar ohne fremde Hilfe erlernen. Wer von Freunden ein Boot geliehen bekommt, kann es auch auf eigene Faust versuchen. Bei kommerziellen Bootsverleihern muß ein Mietinteressent meistens eine Stunde zur Probe „vorsegeln", bevor er einen Kat geliehen bekommt. Oft genügt es nicht, einen Kat-Grundschein vorzulegen. Zumindest der Start zum Learning-by-doing sollte immer mit einem erfahrenen Katsegler stattfinden. Das erste Ablegen und die ersten Manöver klappen besser, wenn ein Könner dabei ist und sie ein paarmal richtig zeigt. Sitzen die Grund(be)griffe, kann der Einsteiger immer wieder nachlesen und die Segeltechnik zum Beispiel aufs Trapezsegeln erweitern und verbessern. Wer sich von vornherein eine verkehrte Technik angewöhnt, hat später oft große Mühe, die Fehler wieder auszumerzen.
Viele Anfänger trauen sich nicht, Fragen über Dinge zu stellen, von denen sie meinen, sie eigentlich wissen zu müssen. Auch und vor allem beim Segeln gilt: Keine Frage ist so dumm, daß sie nicht gestellt werden darf! Wer aus falscher Scham Manöverabläufe im unklaren läßt, fährt die Manöver meist nicht nur falsch oder gar erfolglos, sondern er trägt auch ein unnötiges Risiko. Er setzt nicht nur die eigene Sicherheit aufs Spiel, sondern auch die des Mitseglers und von Unbeteiligten, oder er gefährdet das Boot.
Merke: Spaßiges Katsegeln bedeutet sowohl schnelles als auch sicheres Segeln! Damit soll

Auf einem Einsteiger-Kat kann der Segellehrer mit der zweiköpfigen Crew an Bord gehen und ihr die wichtigsten Grundmanöver direkt zeigen.

niemandem Angst gemacht werden, denn Katsegeln ist wirklich nicht gefährlicher als andere Sportarten auch. Dies sei nur der Hinweis auf Gewissenhaftigkeit und Rücksichtnahme in eigenem und in jedermanns Interesse.

Der ideale Einsteiger-Kat

Alle Hersteller von Katamaranen bieten mehr oder weniger gute Einsteiger-Boote an. Jeder hat seine eigene Philosophie, die hier nicht im einzelnen bewertet werden soll. In der Praxis haben sich die folgenden Charaktereigenschaften bewährt:
Ein einsteigertauglicher Katamaran zeichnet sich durch einfache Bedienelemente und gutmütiges Segelverhalten aus. Das Autofahren wird ja auch nicht auf einem Formel-eins-Rennwagen gelernt. Deshalb sind Einsteigerboote keineswegs langsam. Später können sogar Regatten damit gesegelt werden.
Die Gutmütigkeit beruht auf einer angemessenen Größe der Segelfläche, so daß der Kat in einer Windböe nicht so leicht kentert. Das wird außerdem durch die vergleichsweise voluminösen Schwimmer (Rümpfe) unterstützt. Viele Einsteiger-Modelle können anfangs auch mit drei Personen gesegelt werden, ohne daß der Spaß dabei zu kurz kommt.
Einsteiger-Kats sind robust und unempfindlicher, zum Beispiel wenn der Kat aus Versehen auf Grund läuft. Deshalb haben sie keine langen Schwerter, die beim Ab- und Anlegen hoch- und heruntergestellt werden müssen, sondern kurze Kielflossen hinten unter den Rümpfen. Diese Flossen verhindern das seitliche Versetzen des Kats durch Winddruck (Abdrift).

Ein typischer Einsteiger-Kat ohne Großbaum, mit Kielflossen statt Schwertern und einfachen Bedienelementen.

Trimmeinrichtungen: ***Verstellbare Bedienelemente, um einen Kat sicher und schnell zu segeln***

Strecker: ***Dünne Taue, mit denen – meist über Taljen – Segel getrimmt werden***

Außerdem hat ein Einsteiger-Kat keinen Großbaum (Querstange) am Großsegel. So ein Baum kann nämlich bei Manövern gefährlich werden, wenn ein Segler ihn mit Schwung an den Kopf bekommt. Statt dessen ist die Schot, mit der ein Segel dichtgezogen wird, direkt am Großsegel befestigt. Das ist beim Vorsegel, der Fock, ohnehin so.

Neben den Schoten (eine Großschot und je eine Fockschot pro Seite) haben die meisten Einsteiger-Kats noch einen sogenannten Traveller, der mit der Travellerschot bedient wird. Er sitzt unter dem unteren Großschotblock und läuft auf einer Schiene auf dem Achterbeam zu beiden Seiten. Damit wird das Großsegel für die verschiedenen Kurse eingestellt. Einige kleine Kinder-Katamarane haben keinen Traveller, sondern nur die Großschot zum Dichtziehen und Fieren des Großsegels.

Die letzte ganz wichtige Trimmeinrichtung, die jeder Kat hat, ist der Großsegelvorliekstrecker. Er wird auch Cunningham genannt. Der Vorliekstrecker sitzt direkt hinter dem Mast und zieht (streckt) das Großsegel im vorderen Bereich (Vorliek). Dadurch wird das Segel für starken Wind flacher getrimmt, damit sich der Kat besser und sicherer segeln läßt. Alle Teile des Kats sind in einer großen Grafik (Seite 14/15) bezeichnet. Ihren Namen und ihre Funktion zu kennen, ist wichtig. Deshalb müssen sie nicht stur auswendig gelernt werden. Die meisten Fachbegriffe werden beim Segeln gelernt und tauchen immer wieder auf. So prägen sie sich am besten ein.

Je nach dem auf welchem Kat-Typ der Einstieg erfolgt, sind auch weitere Bedienelemente vorhanden. Sie sind jedoch für den Neuling ohne Belang und sollten ihn nicht verwirren. Bevor diese Trimmeinrichtungen eine Rolle spielen, gibt es genug Segeltechnik zu üben.

Wer Geschmack am Katsegeln gefunden hat (Kat-Fieber ist sehr ansteckend!), überlegt bald auch, ob er sich ein eigenes Boot kauft.

Neue Einsteiger-Kats kosten in etwa zwischen 5.000 DM und 15.000 DM. Gebrauchte Boote sind auch deutlich günstiger zu bekommen. Beim Kauf sind noch andere Eigenschaften, wie Dachtransportfähigkeit, Revier, Crewgewicht, und, und, und von Bedeutung.

Dem Fortgeschrittenen hilft dabei „Katamarane Das Buch“, welches ebenfalls im DSV-Verlag erschienen ist.

Mit eingerollter Fock segelt der Steuermann diesen Einsteiger-Kat sogar im Trapez allein.

Nach dem Einstieg bevorzugen viele Segler einen modernen Strandkatamaran mit Doppeltrapez, Spinnaker und weiteren Trimmeinrichtungen.

1 Großfallarretierung
2 Kopfbrett
3 Masttopp
4 Kopf
5 Segellattentasche
6 Mast
7 Achterliek
8 Vorliek
9 Vorstag
10 Fockfallarretierung
11 Want
12 Trapezdraht
13 Fockfaden (Luv)
14 Fockfaden (Lee)
15 Hanepot
16 Windrichtungsanzeiger
17 Trapezverstellung
a Trapezklemme
b Trapezgriff
c Trapezbügel
18 Großsegelvorliekstrecker
a Vorliekstreckerklemme

19 Fockblock
a Fockblockklemme
20 Vorderbeam
21 Luvfockschot
22 Luvschwimmer
23 Pinnenverlängerung
24 Achterbeam
25 Inspektionsdeckel
26 Ablaßschraube
27 Ruder
28 Trampolin
29 Spurstange
30 Travellerschot
31 Großschot
32 Traveller
a Travellerschotklemme
33 Unterer Großschotblock
a Großschotklemme
34 Flosse
35 Leeschwimmer
36 Leefockschot
37 Großschottalje
38 Oberer Großschotblock
39 Lochplatte
40 Schothorn
41 Unterliek
42 Hals

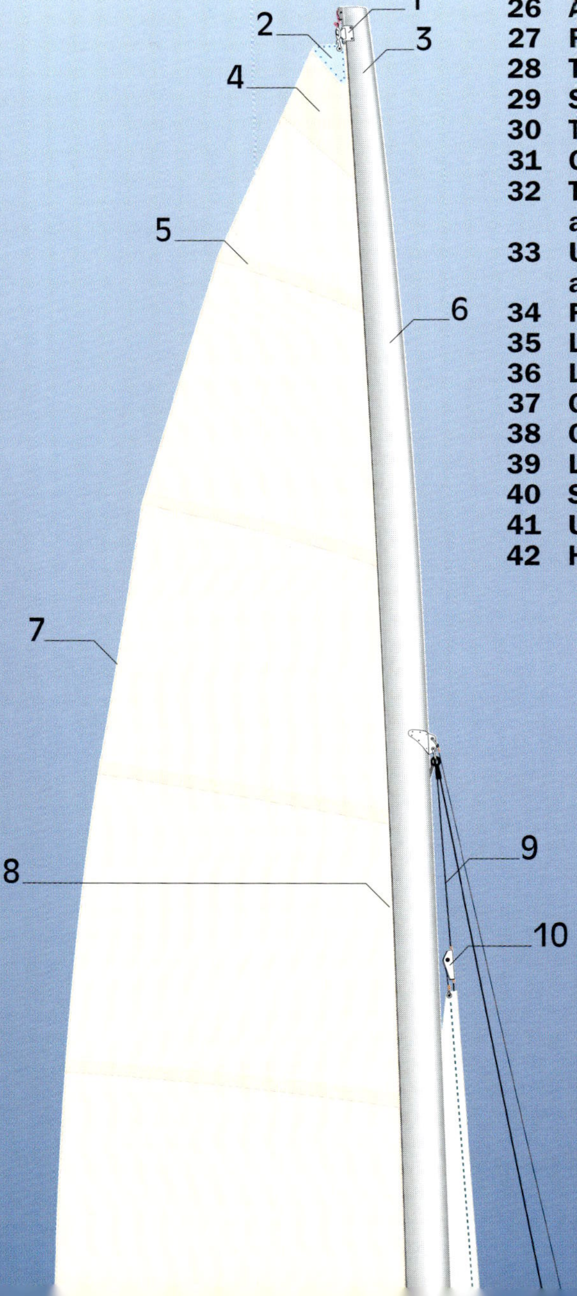

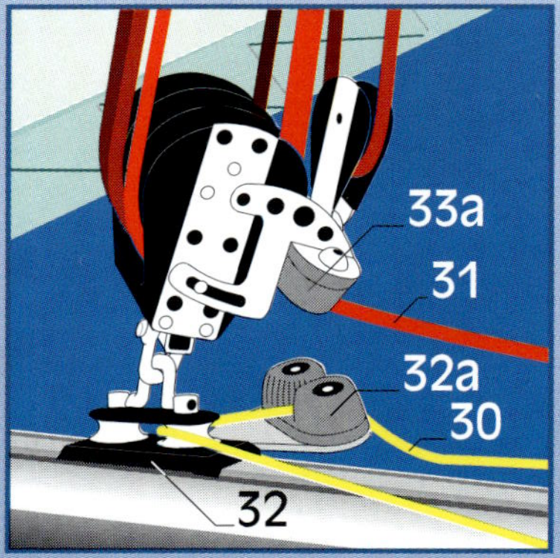

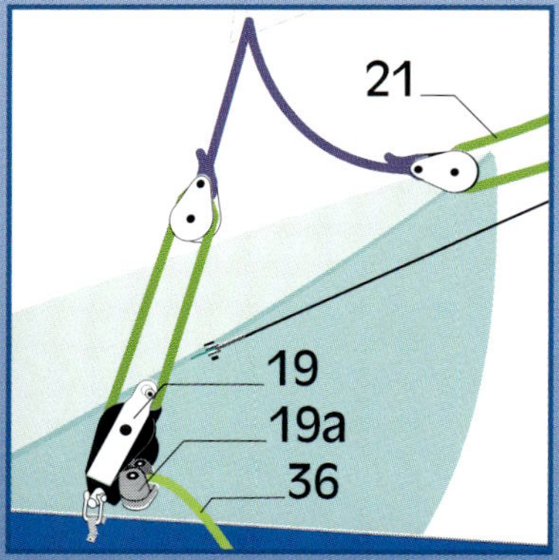

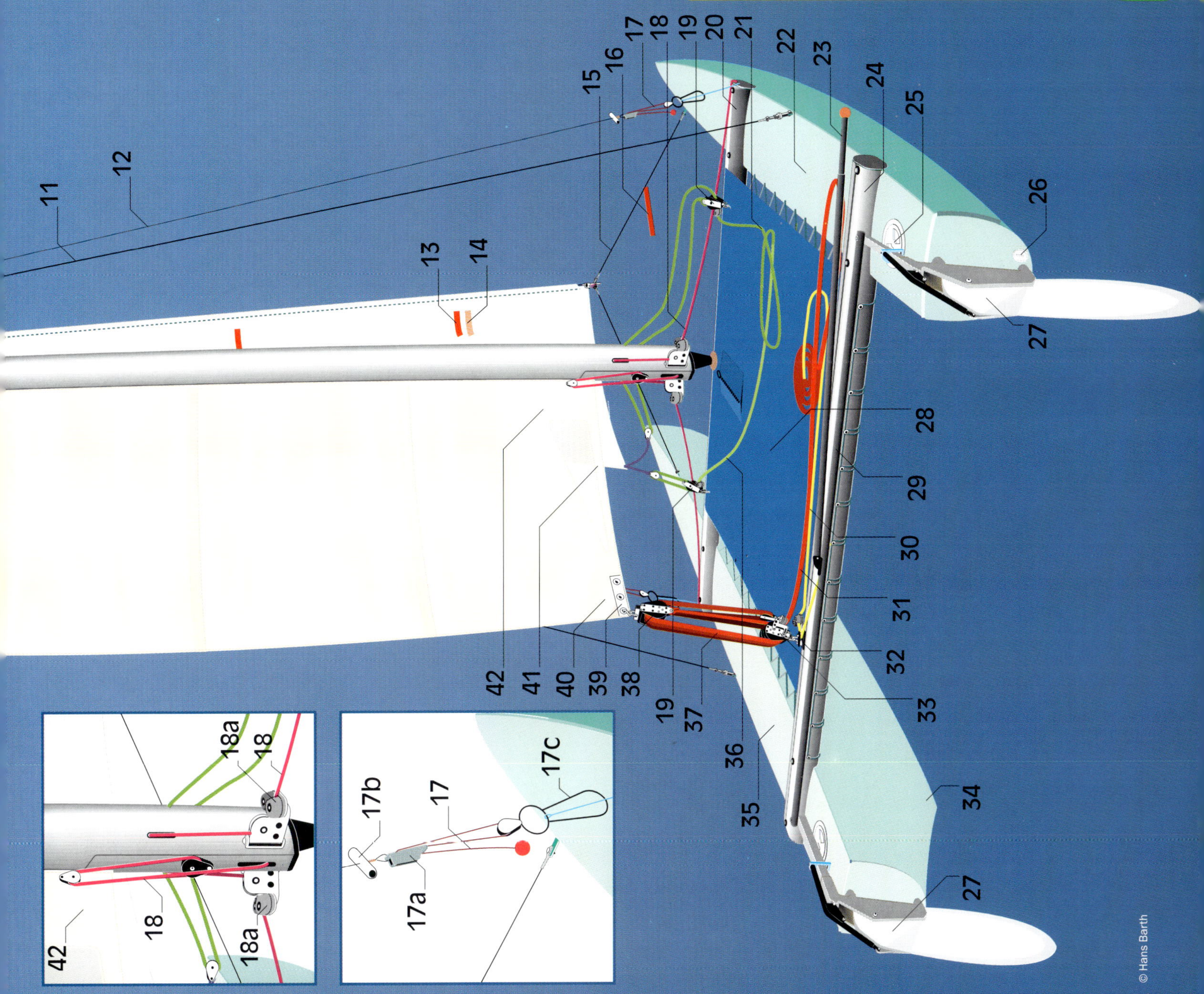
11
12
13
14
15
16
17
18
19
20
21
22
23
24
25
26
27
28
29
30
31
32
33
34
35
36
37
38
39
40
41
42
17a
17b
17c
18a
© Hans Barth

Vorbereitung

Beschlag:
Sammelbegriff für am Kat befestigte Kleinteile wie Rollen, Klemmen und Ösen

Schäkel:
Bügel mit Bolzen zum Befestigen von Schoten, Fallen und Blöcken

Hanepot:
Zwei Drähte vorn zwischen beiden Schwimmern (Ansatzpunkt für das Vorstag)

Vorstag:
Draht vom Mast zum Hanepot, an dem die Fock gesetzt wird

Wahrer Wind:
Realer Wind (Stärke und Richtung), den die Windfäden anzeigen, wenn der Kat stilliegt

Scheinbarer Wind:
Aus wahrem Wind und Fahrtwind zusammengesetzter Wind, den die Windfäden anzeigen, wenn der Kat segelt

Vor das Vergnügen haben die Götter bekanntlich den Schweiß gesetzt. Die Vorbereitung des Boots aufs Katsegeln ist manchen Einsteigern genauso lästig wie einigen Profis. Aber sie gehört dazu, wie das Schleifen der Kanten und das Wachsen der Ski. Eine gründliche Vorbereitung dient vor allem der Sicherheit, und damit auch dem ungetrübten Spaß am Katsegeln.

Windrichtungsanzeiger

Die wichtigste Frage beim Segeln lautet: Aus welcher Richtung weht der Wind? Das klingt banal, aber es steckt viel mehr dahinter als ein grobes Schätzen. Denn um die verschiedenen Kurse und Manöver sicher und schnell segeln zu können, muß die Crew ständig und genau wissen, woher der Wind weht. Deshalb braucht jeder Kat unbedingt einen Windrichtungsanzeiger, den die Crew (vor allem der Steuermann) immer „mit einem Auge“ im Blick haben sollte. Ein geeigneter Windrichtungsanzeiger fehlt sogar manchmal auf Kats, die im Bootsverleih oder in Segelschulen angeboten werden. Ohne ihn läßt sich das Katsegeln allerdings nicht vernünftig erlernen. Am besten eignen sich als Richtungsanzeiger schmale, etwa 15 Zentimeter lange Streifen aus leichtem Segeltuch, die an beiden Seiten an die Hanepotdrähte geklebt werden. Dort hat man sie immer im Blick. Liegt der Kat auf der Stelle, zeigen diese sogenannten Windfäden den wahren Wind an. Das ist zum

*Die Windfäden aus blauem Spinnakertuch (**1**) zeigen an den Hanepotdrähten (**2**) den scheinbaren Wind an, wenn der Kat fährt.*

Beispiel zum Segelsetzen wichtig. Fährt der Kat, zeigen sie den scheinbaren Wind an, mit dem jedes Segelboot segelt (siehe Seite 48).

Großsegel setzen

Zum Setzen der Segel müssen die Bugspitzen des Kats in Windrichtung zeigen, weil sich die Segel sonst nur schwer hochziehen lassen und die Arretierung des Großfalls nicht funktioniert. Dazu wird der Kat mit dem Slipwagen oder auf weichem Untergrund in den Wind gedreht. Dann kann er auch nicht überraschend umkippen, wenn eine Böe einfällt.

Zuerst wird das Großsegel gesetzt, weil die Fock dann beim Hantieren am Mast noch nicht stört. Das Großfall, mit dem das Großsegel hochgezogen wird, hat zwei Enden. Ein Ende hat einen Knoten oder eine Stopperkugel, damit es nicht aus der Hand rutscht, wenn daran gezogen wird. Dieses Ende kommt unten aus dem Mast und läuft dort über eine Rolle, damit sich das Groß leichter setzen läßt. Einige Kats haben diese Rolle nicht. Bei ihnen kommt das Großfallende aus der Mastnut, wo das Segel zum Setzen in den Mast eingeführt wird. Damit die Enden des Großfalls nicht auswehen, sollten sie immer festgehalten oder irgendwo am Boot festgebunden werden.

Das andere Ende des Großfalls hat einen Schäkel, der am Kopfbrett des Segels befestigt wird. Je nach Kat-Typ befindet sich über dem Schäkel ein Ring oder ein Haken, mit dem das hochgezogene Segel am Masttopp arretiert wird (siehe Fotos Seite 18/19).

Kopfbrett:
Feste Platte oben am Großsegel, um das Fall anzuschäkeln

Mastnut:
Schlitz an der Hinterkante des Masts, in dem das Liektau des Großsegels beim Setzen läuft

Liektau:
Eingenähtes Tau im Vorliek des Großsegels

Wenn das Großfall am Mastfuß über eine Umlenkrolle geführt wird, legt die Vorschoterin es sich um die Schulter, damit sie besser ziehen kann. Die Steuerfrau führt das Liektau im Vorliek des Segels in den Schlitz an der Hinterkante des Masts (Mastnut) ein und sorgt beim Setzen dafür, daß es nicht klemmt.

*Weit verbreitet ist diese Hakenarretierung des Großfalls. Der Haken des Großfalls **(1)**, mit dem das Segel hochgezogen wird, hakt in oberster Stellung in einen Beschlag am Masttopp **(2)** ein. Das Aushaken zum Segelbergen erfordert etwas Übung. Der Vorschoter zieht das gesetzte Segel am Fall noch ein kleines Stück höher und hält das Fall stramm. Dann dreht der Steuermann den Mast zu der Seite, wo der Beschlag am Mast sitzt, und hält den Mast gedreht, so daß der Haken des Großfalls am Mastbeschlag vorbeigezogen wird, wenn der Vorschoter das Segel ein Stück herunterzieht. Danach wird der Mast wieder in die Mitte gedreht.*

*Dieses Großfall läuft außen am Mast. Die kleine Preßhülse **(1)** auf dem Drahtseil wird unter den Beschlag **(2)**, der sich an der Vorderseite des Masts befindet, eingehakt. Zum Segelbergen muß das Großfall ausgehakt werden, indem es vom Mast weggezogen wird.*

Zum Bergen des Segels kann das lange Ende des Großfalls zunächst locker aufs Trampolin gelegt werden. Die Crew rollt das Segel beim Herunterlassen gemeinsam auf. Wenn es länger gelagert wird, sollte es mit dem schmalen Ende zuerst aufgerollt werden. Das ist schonender für Segellatten und -tuch. Außerdem ist die Segelrolle dann dünner und paßt besser in den Segelsack, der sich auch besser tragen läßt.

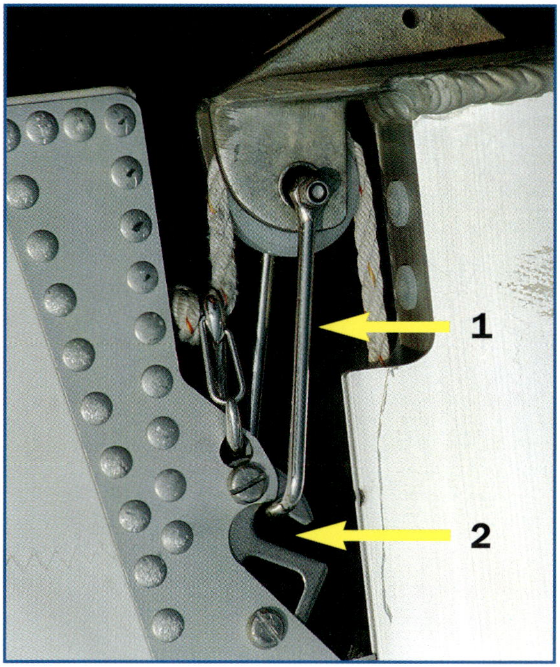

Bei dieser Bügelarretierung muß der Kat zum Segelsetzen vorn hochstehen. Dann fällt der Bügel am Masttopp **(1)** *nach hinten in den Haken am Kopf des hochgezogenen Großsegels* **(2)**. *Zum Bergen des Segels muß der Kat eben stehen, damit der Bügel beim Anziehen des Großfalls nach vorn fällt und den Haken zum Herunterziehen des Großsegels freigibt.*

Der Vorliekstrecker ist an der vorderen, unteren Ecke des Großsegels, dem Hals, befestigt. Der Flaschenzug dient dazu, das Vorliek dosiert strammzuziehen, so daß bei Leichtwind gerade eben keine Querfalten im Segel entstehen. Strammgezogen wird der Vorliekstrecker erst kurz vor dem Lossegeln, damit das Segel vorher nicht unnötig lange hin- und herschlägt. Darunter leidet das Segel, und der Kat neigt zum ungewollten Losfahren.

Zum Setzen führt der Steuermann den Kopf des Segels mit dem Liektau in die Mastnut an der Hinterkante des Masts ein. Bei Kats ohne die Rolle unten am Mast muß das andere Ende des Großfalls (das mit dem Knoten) vorher in die Mastnut gedrückt werden, falls es herausgekommen ist. Der Vorschoter zieht nach und nach am Großfall, während der Steuermann weiter aufpaßt, daß das Segel sauber in der Mastnut läuft.

Ist das Großfall eingehakt oder strammgezogen, wenn der Kat keine Arretierung hat, wird es in einer Klemme festgezogen oder auf einer Klampe am Mast festgeknotet. Das lange Fallende wird in der Tasche auf dem Trampolin verstaut. Die Großschot wird erst später angeschlagen.

Am vorderen, unteren Ende des Großsegels, dem Segelhals, wird der Vorliekstrecker mit einem Schäkel angeschlagen. Er wird aber noch nicht angezogen, damit das Großsegel an Land ruhig steht. Vor dem Ablegen wird er je nach Windstärke eingestellt. Auch bei leichtem Wind sollte er so strammgezogen werden, daß keine Querfalten im Groß zu sehen sind. Bei mittlerem bis starkem Wind muß er immer strammer gezogen werden, um das Großsegel flacher zu trimmen, damit es nicht so viel Winddruck bekommt.

Patentschäkel:
Schäkel, bei dem der Bolzen nicht aus dem Bügel fallen kann

Splint:
Sicherungsring für einen Bolzen

Stagreiter:
Beim Kat Kunststoffteile, mit denen die Fock am Vorstag eingehakt wird, um sie zu setzen

Lochplatte:
Platte am Schothorn, in die Schotblöcke eingehakt oder angeschäkelt werden

Achterliek:
Hintere Kante eines Segels

Unterliek:
Untere Kante eines Segels

Vorliek:
Vordere Kante eines Segels

Vorliekstrecker:
Trimmeinrichtung am Vorliek zum Flachziehen des Segels

*Der Haken **(1)** der Fock wird mit Hilfe des Fockfalls **(2)** in den Ring **(3)** am Vorstag eingehakt. Zum Bergen der Fock hakt ein schnelles Anziehen und Loslassen des Falls den Haken wieder aus.*

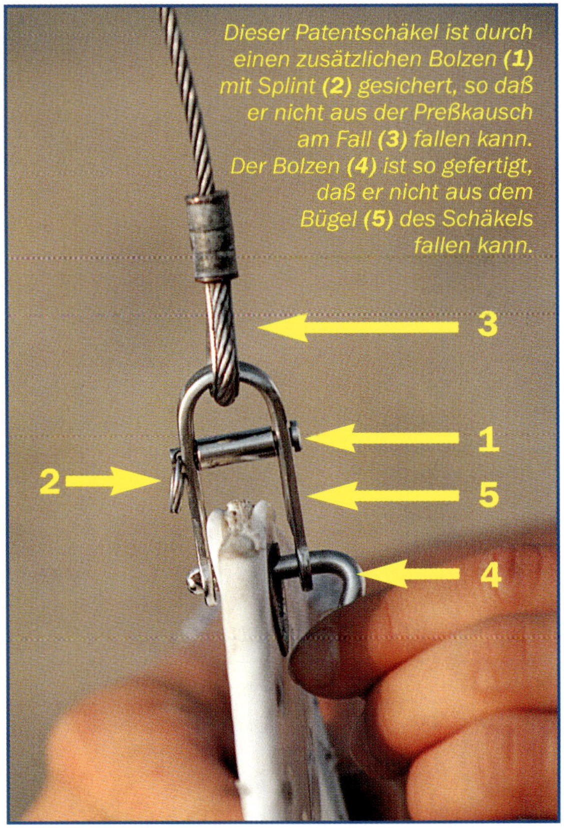

*Dieser Patentschäkel ist durch einen zusätzlichen Bolzen **(1)** mit Splint **(2)** gesichert, so daß er nicht aus der Preßkausch am Fall **(3)** fallen kann. Der Bolzen **(4)** ist so gefertigt, daß er nicht aus dem Bügel **(5)** des Schäkels fallen kann.*

Fock setzen

Nach dem Großsegel wird die Fock (Vorsegel) gesetzt. Auch die Focks der verschiedenen Kat-Typen werden mit unterschiedlichen Systemen gesetzt. Meistens wird das Fockfall in einem Reißverschluß am Vorliek der Fock geführt. Dieses System hat entweder oben am Vorstag eine Arretierung mit Haken und Ring (Foto oben), oder das Fall wird strammgezogen und unten am Hanepotbeschlag festgebunden. Wird das Fockfall nicht in solchem Reißverschluß geführt, läuft es außen am Mast und wird dort nach dem Setzen stramm durchgezogen und in einer Klemme oder Klampe belegt.

Zum Setzen der Fock wird der Schäkel an dem einen Ende des Fockfalls am Kopf der Fock befestigt. Das sollte wie beim Großfall auch ein sogenannter Patent- oder Sicherheitsschäkel sein (Foto). Der kann nicht herausfallen. Ohne Schäkel an den Fallen ist der Segeltag gelaufen, bevor er begonnen hat.
Auch das Setzen der Fock geht am besten zu zweit. Die Crew hält das aufgerollte Segel locker in den Händen. Während die Vorschoterin das Fockfall nach und nach zieht, schließt die Steuerfrau den Reißverschluß oder befestigt die Stagreiter der Fock am Vorstag. Ist die Fock oben, wird der gedrehte Schäkel am Hals der

Nachdem das Fockfall am Kopf des Vorsegels angeschäkelt wurde, zieht die Vorschoterin die Fock nach und nach mit dem Fall hoch. Die Steuerfrau schließt den Reißverschluß am Vorliek.

Durch Ausrollen und Aufrollen wird die Fock am schonendsten gesetzt und geborgen.

Schothorn:
Hintere Ecke von Achterliek und Unterliek des Segels, an der die Schot befestigt wird

Hals:
Vordere Ecke von Vorliek und Unterliek des Segels, an der der Vorliekstrecker befestigt wird

Kopf:
Obere Ecke von Vorliek und Achterliek des Segels, an der das Fall befestigt wird

Mit beiden Händen im Wechsel wird das Fockfall an der Klemme oder an einer Klampe so strammgezogen, bis keine Querfalten mehr im Vorliek der Fock zu sehen sind.

Der Fockhals ***(1)*** *wird mit einem Schäkel an der Preßkausch* ***(2)*** *des Vorstags* ***(3)*** *befestigt, an der auch die Hanepotdrähte angeschäkelt sind.*

Fock (Foto) am Hanepot befestigt. Nach dem Durchsetzen der Fock wird das Fall arretiert oder am Mast belegt und ebenfalls in der Trampolintasche verstaut.

Schoten anschlagen

Danach wird gleich die Fockschot am Schothorn befestigt. Ist eine Lochplatte vorhanden, wählt der Einsteiger ein mittleres Loch (Foto). Die Schot wird anschließend dichtgezogen, damit die Fock nicht flattert. Dadurch gehen die Vorsegel unnötig kaputt.

Bei den meisten Katamaranen ist die Travellerschot bereits eingeführt und braucht nur noch durch einen Kreuzknoten mit dem Ende der Großschot verbunden zu werden. Doch sollte

Die Fockschot ***(1)*** *hat meistens zwei Blöcke* ***(2)****, damit sie auf beiden Seiten leicht zu bedienen ist. Sie wird am Schothorn* ***(3)*** *in ein mittleres Loch* ***(4)*** *der Lochplatte* ***(5)*** *angeschäkelt. Dabei dürfen die Fockschoten nicht verdreht sein.*

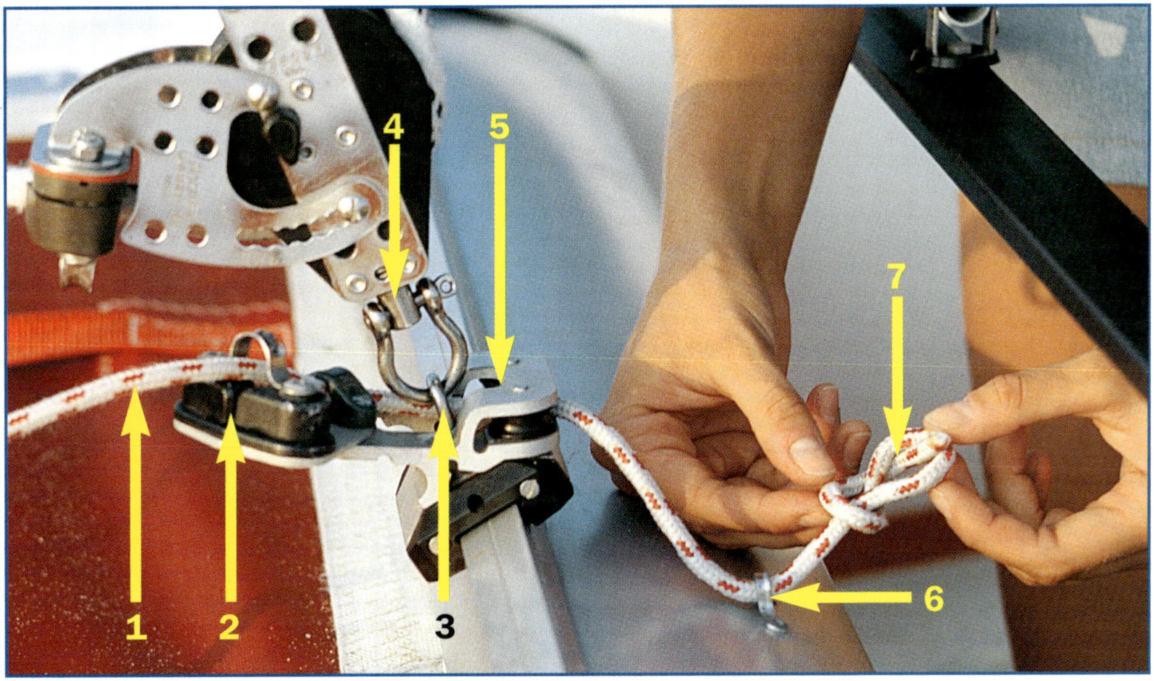

Die Travellerschot ***(1)*** *läuft durch die Travellerklemme* ***(2)****. Von dort wird sie durch den Metallbügel* ***(3)****, an dem auch der untere Großschotblock mit einem Schäkel* ***(4)*** *befestigt ist, und durch die zwei Rollen des Travellerblocks* ***(5)*** *geführt. Zum Schluß läuft die Travellerschot durch die kleine Fenderöse* ***(6)*** *auf dem Achterbeam und wird mit einem Achtknoten* ***(7)*** *gegen ein Herausrutschen gesichert. Das andere Ende der Travellerschot* ***(1)*** *wird durch einen Kreuzknoten mit dem Ende der Großschot verbunden.*

Unterliekschiene:
Trimmeinrichtung zum Einhaken der Großschot am Segel (statt Lochplatte)

Trapezverstellung:
Flaschenzug zur Veränderung der Hängehöhe im Trapez

Trapezbügel:
Ring am Ende des Trapezes zum Einhaken in die Trapezhose

Preßhülse:
Mit einer Zange zusammengedrücktes Kupferstück, um ein Drahtauge zusammenzuhalten

Preßkausch:
Gepreßtes Drahtauge mit Edelstahlinnenteil

Traveller:
Aus Schiene und Rutscher bestehende Trimmeinrichtung, die mit der Travellerschot bedient wird

Tampen:
Ende einer Schot oder eines Streckers

So ist der Zugwinkel der Großschot am Großschotblock optimal eingestellt. Sie läßt sich aus dem Trapez und auf dem Rumpf sitzend leicht ein- und ausklemmen. Wenn das schwierig ist, sollte ein erfahrener Katsegler gebeten werden, den Winkel einzustellen.

Erst ganz zum Schluß wird die Großschot mit dem Haken des oberen Blocks in den Metallbügel an der Unterliekschiene des Großsegels eingehakt. Bei vielen Einsteiger-Kats ist dies eine Lochplatte.

auch ein Einsteiger die korrekte Führung kontrollieren können, denn die Travellerschot wird von vielen Seglern immer wieder verkehrt befestigt. Wenn sie nicht klar läuft, kann gar nicht richtig gesegelt werden.

Vom Ende der Travellerschot aus gesehen, das der Steuermann bedient, läuft sie durch die Travellerklemme und von dort durch den Metallbügel, an dem auch der untere Großschotblock mit einem Schäkel befestigt wird. Von dort wird sie durch den Travellerblock (mit zwei Rollen) geführt. Zum Schluß läuft die Travellerschot durch eine kleine Fenderöse auf dem Achterbeam und wird mit einem Achtknoten gegen ein Herausrutschen gesichert (Foto). Das andere Ende der Travellerschot, das aus der Travellerklemme kommt, wird mit einem Kreuzknoten mit dem Ende der Großschot verbunden.

Die Großschot besteht aus einem Flaschenzug mit zwei Blöcken. Der untere Block, der eine Klemme hat, wird am Metallbügel des Travellers angeschäkelt. Der obere Block, der einen Haken hat, wird erst ganz zum Schluß vor oder beim Ablegen (siehe Seite 32/33) in die Lochplatte oder den Metallbügel an der Unterliekschiene des Großsegels eingehakt.

Trapezeinstellung

Wer schon einige Segelstunden auf einem Kat hinter sich hat, kann bald auch das Trapezsegeln üben. Voraussetzung ist die korrekte Einrichtung des Trapezes. Am wichtigsten ist die

Achtknoten:
Auge legen (1)
Kurzes Ende unters lange Ende führen (2)
Kurzes Ende von oben ins Auge stecken (3)
Knoten festziehen (4)

Verhindert das Durchrutschen einer Leine

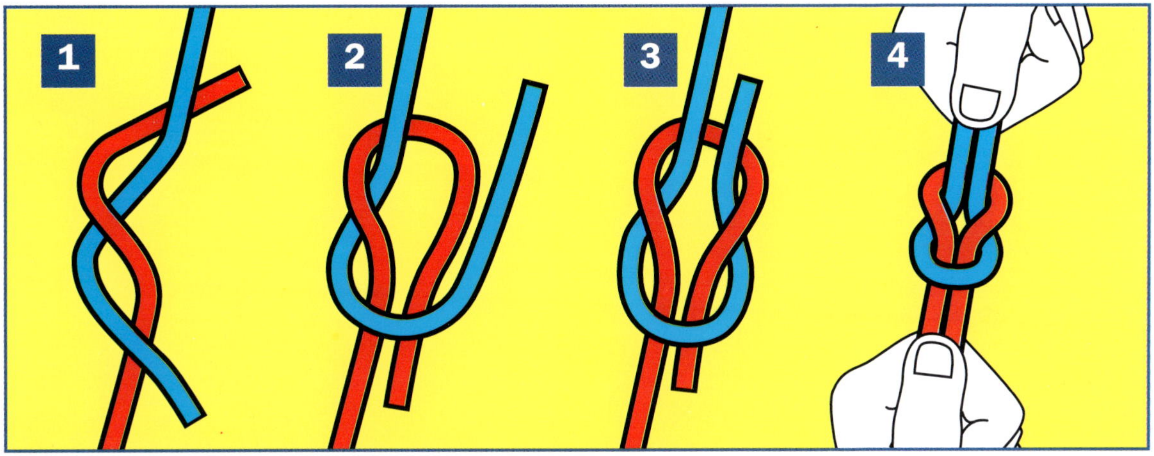

Kreuzknoten:
Rotes und blaues Ende übereinanderlegen (1)
Rotes Ende unter der blauen Bucht hindurchführen (2)
Blaues Ende von unten in die rote Bucht stecken (3)
Knoten festziehen (4)

Verbindet zwei Leinen

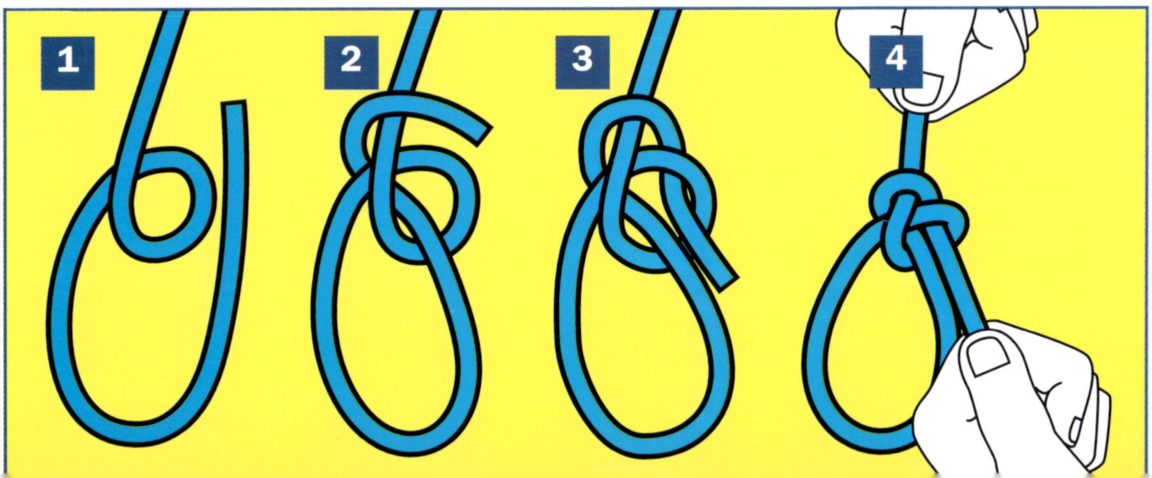

Palstek:
Auge legen (1)
Kurzes Ende von oben durchs Auge stecken (2) und über das lange Ende legen, von unten wieder durchs Auge ziehen (3)
Knoten festziehen (4)

Schlaufe, die sich nicht zusammenzieht

In gestreckter Haltung mit geschlossener Fußstellung bildet die Vorschoterin fast eine Ebene mit dem Trampolin.

*Die Trapezverstellung wird so lang eingestellt, daß die Vorschoterin den Trapezbügel **(1)** auf Deck sitzend noch gerade eben in den Haken **(2)** der Trapezhose einhaken kann. Dieses komfortable Trapez hat einen Block mit Schlitzklemme **(3)**, der es erlaubt, die Hängetiefe während des Segelns ohne umständliches Umknoten zu verstellen.*

Einstellung der Gesamtlänge. Diese geschieht am praktischsten mit einer einfachen Talje zwischen Trapezdraht und -bügel. Diese Talje besteht meist aus einem Tampen, der an der oberen Seite am Ende des Trapezdrahts an einen Block mit Schlitzklemme festgeknotet ist und unten durch den Trapezbügel läuft, und dann wieder nach oben in den Block mit Klemme, hinter der er mit einem Achtknoten gesichert ist. Damit der Tampen sich nicht vertörnt oder mit der Schot verwechselt wird, kann das Ende mit einem dünnen Gummistropp am Trapezdraht hochgebunden werden.

Ist keine Talje mit Blöcken vorhanden, kann die Trapezlänge nur durch unterschiedlich langes Anknoten des Trapezbügels an den Trapezdraht bestimmt werden. Die Länge des Trapezes sollte so gewählt werden, daß der Körper des Vorschoters bei geschlossener Fußstellung und gestreckter Hüfte im Trapez eine Ebene mit dem Trampolin bildet. Bei leichterem Wind, wenn ständig angehockt und wieder in Trapez

An der Hanepot-/Rumpfverbindung könnte sich die Crew verletzen. Außerdem könnte ein Tampen den Splintring herausziehen, wodurch der Bolzen herausfallen würde. Solche Stellen werden mit Klebeband (Tape) umwickelt und entschärft.

Durch Öffnen der Inspektionsdeckel wird kontrolliert, ob sich Wasser in den Rümpfen befindet. Dazu muß der Kat vorn etwas hochgestellt werden.

***Inspektionsdeckel:* Großer Schraubverschluß auf der Oberseite der Schwimmer**

***Ablaßschraube:* Verschluß unten am Heck der Schwimmer, um Wasser abzulassen**

***Notsignal:* Abschußgerät mit Leuchtkugeln für Seenotfälle**

gegangen werden muß, sollte das Trapez so kurz sein, daß es gerade noch eingehakt werden kann, wenn der Vorschoter auf dem Schwimmer sitzt.

Sicherheitscheck

Vor dem Ablegen müssen einige wichtige Dinge am Kat überprüft werden, damit es zu keinen Materialschäden kommt und der Katspaß ungetrübt bleibt. Dazu gehört auch, daß die Mannschaft selbst die richtige Kleidung trägt, Schwimmwesten anlegt und ein Notsignal mitführt (siehe Seite 28).

Ein Kat hat mehrere kleine Splinte, Bolzen und Kanten, an denen sich die Crew verletzen könnte, wenn sie nicht mit Klebeband (Tape) abgeklebt werden. Dazu gibt es spezielles Klebeband (Greytape oder Panzerklebeband). Mit

Durch die Ablaßschrauben am Heck unter den Ruderaufhängungen des Katamarans kann Wasser aus den Rümpfen abgelassen werden. Vor dem Ablegen muß unbedingt kontrolliert werden, ob sie fest verschlossen sind.

Diese Mannschaft trägt Schwimmwesten über den Trockenanzügen. Mit Segelschuhen ist sie optimal ausgerüstet.

Schwimmweste ist Pflicht

Die richtige Kleidung ist beim Katsegeln besonders wichtig. Durch den starken Fahrtwind der schnellen Kats kühlt ein Katsegler schneller aus als andere. Diese Gefahr sollte auch im Hochsommer und in warmen Gefilden nicht unterschätzt werden. Denn Kälte gefährdet nicht nur die Gesundheit. Sie läßt auch die Kräfte schneller schwinden.

Wenn es sehr warm ist, eignet sich ein sogenannter Neopren-Shorty mit kurzen Ärmeln und Beinen am besten. Ansonsten wird ein langer Neopren-Anzug oder ein Trockenanzug mit Gummimanschetten am Hals, an den Handgelenken und an den Knöcheln getragen. Letztere sind am wärmsten, weil wasserdicht.

Besonders wichtig sind geeignete Segelschuhe aus Neopren oder Gummi. Immer wieder zeigen Werbeprospekte Fotos mit barfuß segelnden Menschen. Das kann beim Ab- und Anlegen auf unsauberem Untergrund zu Schnittverletzungen führen. Auch an Bord bewegt sich der Katsegler mit Schuhen viel sicherer und gewandter als ohne. Segelhandschuhe schützen ebenfalls, sind aber nicht so wichtig wie Schuhe.

Ein absolutes Muß selbst für Regattasegler sind Schwimmwesten. Ohne sie ist das Aufrichten nach dem Kentern ungleich anstrengender. Auch wer ungewollt über Bord geht, muß sich oft eine ganze Weile über Wasser halten, bis der Mitsegler ein Mann-über-Bord-Manöver gesegelt hat. Jede Crew, die allein aufs Wasser geht, sollte außerdem ein handliches Notsignal mitführen, falls sie unterwegs zum Beispiel durch einen Schaden am Boot manövrierunfähig ist und auf sich aufmerksam machen muß.

So steht ein Kat unter Segeln sicher an Land

Gegen Ende der Vorbereitung, oft bevor sich die Crew zum Segeln umzieht, muß der Kat sicher an Land abgestellt werden. Sonst kann er zum Beispiel durch Winddruck in den Segeln umkippen, selbst zu Bruch gehen oder sogar Unbeteiligte gefährden, indem er sich selbständig macht und „ohne Crew lossegelt". Auch das ist schon passiert! Diese sichere Stellung ist gleichzeitig der Ausgangspunkt für die Ablegemanöver.

Am wichtigsten ist zunächst, daß der Kat unabhängig von auf- oder ablandigem Wind immer mit den Bugspitzen nach Luv (in den Wind) abgestellt wird. Der Großsegelvorliekstrecker ist ganz lose.

Wenn die Großschot mit dem oberen Großschotblock am Schothorn des Großsegels eingehakt wird, dürfen die Travellerschot und die Großschot auf keinen Fall eingeklemmt werden, sondern müssen ganz lose sein. Die Fock wird entweder eingerollt oder die Fockschot dichtgezogen und eingeklemmt. So wird zudem verhindert, daß die Fock ständig flattert und dabei schnell altert.

Wenn der Kat für eine Weile unbeaufsichtigt an Land abgestellt werden soll, ist es sicherer, die Großschot am Großsegel auszuhaken. Das Segel steht dann wie eine Fahne im Wind. Die Gefahr durch einen schlagenden Schotblock ist gebannt, und das Segel kann kaum Winddruck bekommen. Dreht der Wind stark und ist böig, sollten die Segel für eine Segelpause geborgen werden.

Steht der Kat auf einem Slipwagen, wird dieser ins vordere Drittel zwischen Hanepot und Vorderbeam gezogen. Hinten steht er dann auf Heckstützen, die mit Gummistropps an den Rümpfen befestigt werden. So kann der Kat nicht nach vorn überkippen oder mit dem Slipwagen losfahren.

Das seitliche Abrutschen von den Auflagen wird durch ausgeformte Halbschalen verhindert, die der Rumpfform angepaßt sind. Das macht auch das Unterschieben des Slipwagens im Wasser beim Anlegemanöver einfacher.

dem Abtapen der Splinte wird auch einem ungewollten Öffnen vorgebeugt (Foto).

An Land werden beide Rümpfe kontrolliert. Dazu sollte der Kat vorn etwas hochgestellt werden. Jeweils auf der Oberseite der Schwimmer befindet sich ein Inspektionsdeckel, der durch Drehen zu öffnen ist (Foto). Befindet sich in den Rümpfen Wasser, muß es entfernt werden. Das geschieht zunächst durch Öffnen (links herum drehen) der Ablaßschrauben (Foto), damit das Wasser nach hinten ablaufen kann. Die Ablaßschrauben müssen wieder gründlich verschlossen werden, sonst läuft der Kat beim Segeln voll. Auch wenn in den Rümpfen kein Wasser zu sehen ist, sollten die Ablaßschrauben am Heck unter den Ruderaufhängungen vor dem Segeln kontrolliert werden. Nach dem Ablassen des meisten Wassers kann der Rest noch mit einem Schwamm aufgesogen werden.

Bei den meisten Einsteiger-Kats bleiben die Ruder nach dem Segeln am Boot, wenn es abgestellt wird. Gleichwohl ist das Einhängen nicht so schwierig, weil die meisten Ruderanlagen an zwei Beschlägen mit Löchern in die dazugehörigen Metallpinte am Heck eingehängt werden. Es sollte jedoch von erfahrenen Seglern kontrolliert werden, ob die Ruder richtig herum und gesichert eingehängt wurden.

Aufrichtleine:
Am Mastfuß befestigte Leine zum Aufrichten des gekenterten Kats

Gummistropp:
Kurze Tampen aus Gummi, um etwas zu befestigen

Heckstützen:
Hartschaum- oder Kunststoffstützen, die unters Heck der Schwimmer gestellt oder gebunden werden, um die Rümpfe zu schonen

Pinnenverlängerung:
In der Länge verstellbare Aluminium- oder Carbonstange zum Steuern

Spurstange:
Verbindungsstange zwischen den beiden Rudern, in deren Mitte die Pinnenverlängerung befestigt ist

Winddrehung:
Änderung der Windrichtung

Die Pinnenverlängerung wird an der Spurstange befestigt. Der Splintring sichert den Bolzen.

Die Pinnenverlängerung dagegen wird nach dem Segeln meistens abgebaut, weil sie ein beliebtes Objekt für Diebe ist. Beim Anbringen muß darauf geachtet werden, daß der Splintring am Bolzen geschlossen wird (Foto), mit dem die Pinnenverlängerung an dem Beschlag auf der Spurstange befestigt wird.
Zur Standardausrüstung eines Kats sollte auch eine Aufrichtleine gehören, die sowohl das Aufrichten selbst als auch mit einem Kniff das Aufsteigen nach einer Kenterung erleichtert. Das Ende der Leine wird mit einem Palstek in der Mitte des Vorderbeams angeknotet. Auf einer Länge von etwa einem Meter wird mit einem weiteren Palstek eine Schlaufe eingeknotet. Diese Fußschlaufe hängt etwas unter der Wasseroberfläche (Foto), wenn der Kat wieder aufgerichtet ist, und dient quasi als Leiter, damit die Crew leichter aufs Trampolin zurückklettern kann (siehe Seite 94). Vor dem Ablegen wird die Aufrichtleine in der Trampolintasche verstaut.

Jeder Einsteiger-Kat sollte eine Aufrichtleine mitführen. Die Fußschlaufe aus einem Palstek hängt etwas unter der Wasseroberfläche und erleichtert das Aufsteigen nach dem Aufrichten.

Fragen

1. Was sind die typischen Merkmale eines Einsteiger-Kats?
2. Wie heißen die drei Ecken (oben, vorn und hinten) eines Segels?
3. Wozu dient das Großfall, und wie wird es am Großsegel befestigt?
4. Wer wird in der vorderen Ecke des Großsegels befestigt, und wozu dient er?
5. Warum wird die Großschot erst ganz zum Schluß ins Großsegel eingehakt?
6. Wozu dient der Achtknoten?
7. Wo und womit wird die Fockschot angeschlagen?
8. Womit wird das Ende der Travellerschot verbunden und durch welchen Knoten?
9. Wie heißen die drei „wichtigsten Kleidungsstücke“ zur Sicherheit und Gesundheit des Katseglers?
10. Was ist unbedingt zu beachten, damit ein Kat nicht voll Wasser läuft?

Antworten

1. Relative Kentersicherheit durch große Schwimmer (Rümpfe) und kleine Segelfläche, keine Schwerter, kein Großbaum und einfache Bedienelemente
2. Kopf (oben), Hals (vorn) und Schothorn (hinten)
3. Zum Setzen des Großsegels am Mast wird das Großfall mit einem Schäkel am Kopfbrett befestigt
4. Der Großsegelvorliekstrecker (Cunningham) wird am Hals befestigt, um das Segel bei mittlerem bis starkem Wind flachzuziehen
5. Sonst könnte das Großsegel Wind fangen und der Kat umkippen
6. Als Stopper, zum Beispiel am Ende der Travellerschot hinter der Fenderöse
7. Mit einem Schäkel am Schothorn der Fock
8. Mit dem Ende der Großschot durch einen Kreuzknoten
9. Schwimmweste, Segelschuhe und Segelanzug (Shorty oder Trockenanzug)
10. Die Ablaßschrauben am Heck müssen unbedingt zugedreht sein

Ab- und Anlegen

Das Ablegen ist eines der wichtigsten Manöver. Denn um den faszinierenden Segelspaß auf den schnellen Kursen zu genießen, muß der Kat erstmal sicher vom Land aufs freie Wasser gebracht werden. Zum besseren Verständnis der Manöverabläufe beim Ablegen sollten sich reine Anfänger zunächst mit den Kursen beschäftigen (siehe Seite 48 ff.).

Vor allem badende Kinder oder Schwimmer, die einem Boot nicht ausweichen können, dürfen von den Seglern keinesfalls gefährdet werden. Hinzu kommen Untiefen, wie zum Beispiel Steine und Sandbänke sowie Molen, Brücken, Bootsstege und anderes mehr. Auch anderen Booten muß nach den für alle Wasserfahrzeuge geltenden Bestimmungen (siehe Seite 78) beim Ab- und Anlegen ausgewichen werden.

Wer noch niemals mit einem Kat gesegelt ist, sollte beim ersten Ablegemanöver immer einen erfahrenen Segler als Steuermann an Bord haben. Als Vorschoter kann jeder das Ablegen am besten miterleben und danach selbst in Angriff nehmen. Außerdem sollte auch ein späterer Steuermann die Aufgaben beider Positionen kennen und können. Nur dann kann er die Verantwortung gewissenhaft übernehmen.

Wie bei allen späteren Manövern auch ist die genaue Absprache mit dem Crewpartner das A und O für ein gelungenes und damit sicheres

Besonders auf hartem, zum Beispiel steinigem Untergrund sollte der Kat mit einem Slipwagen ins Wasser geschoben oder mit vier Personen getragen werden. Hier weht ein paralleler Wind, und die Crew schiebt den Kat rückwärts mit Wind schräg von vorn ins Wasser.

Ablegen. Vor dem Start werden anhand der Windrichtung die Richtung des Ablegemanövers festgelegt, die einzelnen Schritte besprochen und die Aufgaben entsprechend verteilt. Das hört sich umständlicher an, als es in der Praxis nachher ist, dient aber allein der Sicherheit aller.

Zum Ablegen Bug in den Wind

Zu allen Ablegemanövern steht der Kat vorbereitet mit den Bugspitzen nach Luv (in den Wind) an Land (siehe Seite 29). Alle Schoten und der Vorliekstrecker sind aufgefiert und liegen klariert auf dem Trampolin bereit. Vor dem Ablegen (an Land) oder zur Sicherheit erst direkt vor dem Lossegeln im Wasser wird die Großschot mit dem oberen Großschotblock am Schothorn des Segels eingehakt. Je nach Möglichkeiten wird der Kat über den Untergrund gezogen oder geschoben oder aber mit einem Slipwagen bewegt (siehe Fotos). Getragen werden sollte ein Kat mit mindestens vier Personen, die an den beiden Bugspitzen und am Achterbeam anfassen.

Ablegen bei parallelem Wind

Am einfachsten ist das Ablegen, wenn der Wind nahezu quer zur Ablegerichtung, das heißt parallel zum Uferverlauf weht. Die Crew kann dann auf jeden Fall, ohne wenden zu müssen, geradeaus lossegeln.

Dazu wird der Kat mit den Bugspitzen zuerst schräg zum Ufer ins Wasser gebracht, so daß

Sobald der Kat aufschwimmt, hebt ihn der Steuermann vorn an. Die Vorschoterin zieht den Slipwagen unter dem Boot hervor und bringt ihn an Land.

Slipwagen:
Kleiner Transportwagen, um einen Kat an Land sicher und bequem zu bewegen

Halbschalen:
Kunststoffschalen am Slipwagen zur besseren Auflage des Kats

Klarieren:
Sortieren (Klarlegen) meist von Schoten

Untiefe:
Flache Stelle im Wasser, an der die Gefahr einer Grundberührung besteht

Paralleler Wind:
Windrichtung parallel zum Uferverlauf

Auflandiger Wind:
Windrichtung vom Wasser zum Land

Ablandiger Wind:
Windrichtung vom Land zum Wasser

Bei schräg auflandigem Wind hält die Vorschoterin den Kat am Luvschwimmer in den Wind, während der Steuermann die Großschot in die Lochplatte am Segel einhakt. Er hatte sie ausgehakt, damit das Segel keinen Winddruck bekommt.

der Wind schräg von vorn auf den Kat trifft. Im knietiefen Wasser wird der Kat vom Vorschoter am Luvschwimmer gehalten, damit der Steuermann aufsteigen und das Abfallen vorbereiten kann. Dazu läßt er die Ruder halb herunter und zieht den Vorliekstrecker des Großsegels halb dicht. Für den Vorschoter zieht er die Fockschot halb dicht, so daß die Fock nicht flattert. Die Großschot ist leicht gezogen und die Travellerschot zunächst aufgefiert.

Hat der Steuermann diese Einstellungen klar, zieht der Vorschoter den Kat an sich vorbei und dreht ihn dabei soweit herum, daß der Kat mit Wind schräg von vorn auf dem Am-Wind-Kurs liegt. Während der Vorschoter aufsteigt, zieht der Steuermann an der Pinnenverlängerung, damit der Kat sich noch weiter aus dem Wind dreht (abfällt). Eine backgeholte Fock (Schot auf der Luvseite dichtziehen) und eine aufgefierte Travellerschot unterstützen das Abfallen. Ist der Kat fast auf dem Flieger-Kurs (Wind von der Seite), zieht der Steuermann die Travellerschot halb dicht. Der Kat nimmt dann sofort Fahrt auf und kann ins tiefere Wasser gesteuert werden. Befindet er sich frei von jeglichen Hindernissen, drückt der Steuermann die Pinnenverlängerung etwas und fiert die Travellerschot wieder ganz auf. Der Kat wird dadurch langsamer und stoppt fast auf, so daß der Steuermann in Ruhe die Ruder ganz herunterstellen und arretieren kann. Damit der Kat nicht ungewollt anluvt oder abfällt, kann der Vorschoter in der Zeit die Pinnenverlängerung in die Hand nehmen und den Kat auf Kurs halten. Bei starkem Wind sollte der Kat zum Herunterstellen der Ruder beigedreht liegen (siehe Seite 77).

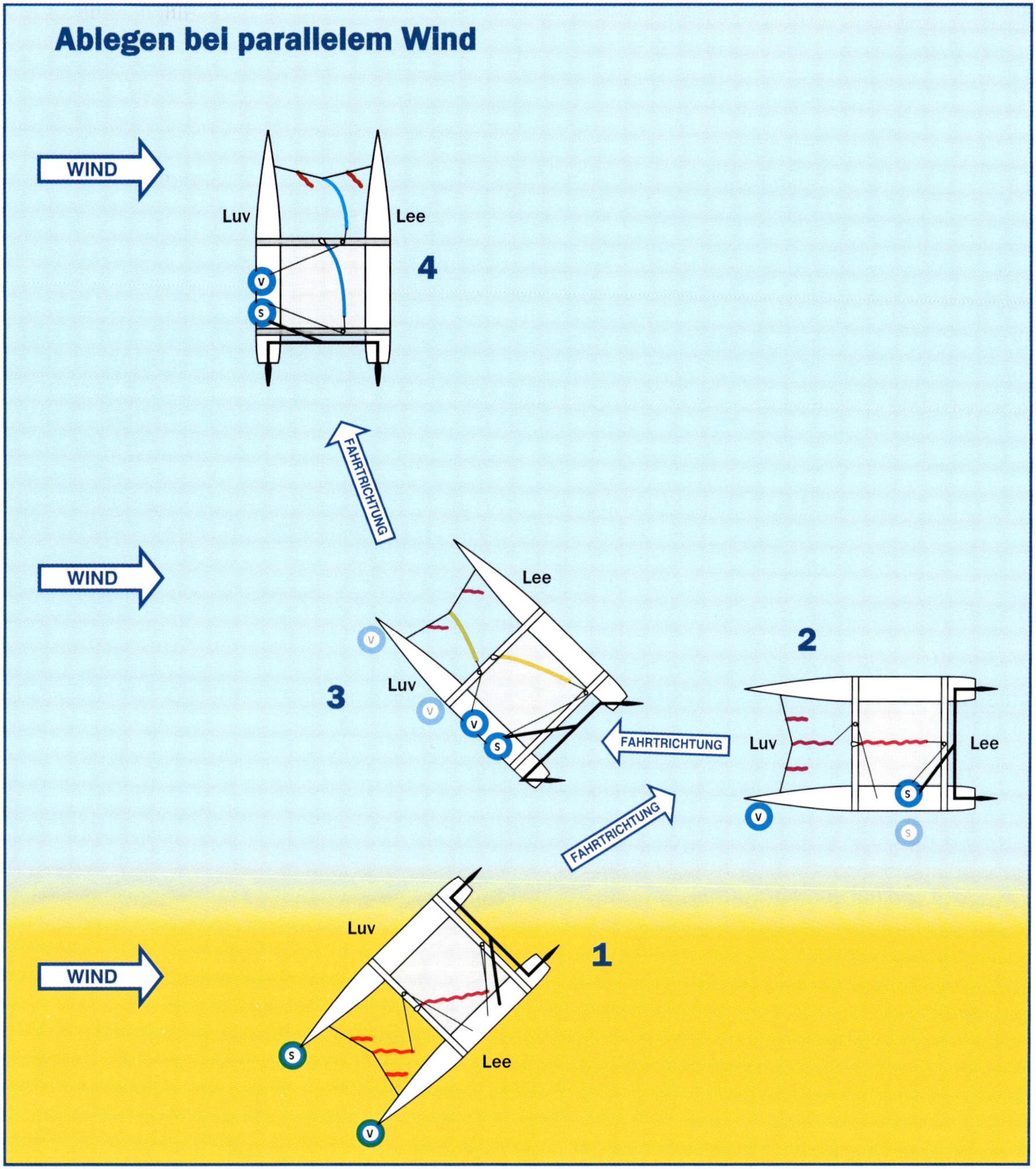

1 *Steuermann* **(S)** *und Vorschoter* **(V)** *schieben den Kat an den Bugspitzen schräg zum Wind vom Strand ins Wasser, damit die Segel keinen Winddruck bekommen, wodurch der Kat kentern könnte.*

2 *Im knietiefen Wasser hält der Vorschoter den Kat außen vorn am Bug in den Wind, während der Steuermann aufsteigt und die Ruder halb herunterläßt.*

3 *Der Vorschoter zieht den Kat an sich vorbei aus dem Wind und dreht ihn auf den Am-Wind-Kurs. Beim Aufsteigen holt er die Fock durch ziehen der Luvschot back. Der Steuermann hat die Travellerschot aufgefiert und zieht die Pinnenverlängerung zum Abfallen.*

4 *Sobald der Kat Fahrt aufnimmt und auf dem Flieger-Kurs segelt, kann die Fockschot in Lee halb dichtgezogen werden. Im tiefen Wasser können die Ruder dann ganz heruntergestellt werden.*

Auf einem Sandstrand kann der Kat auch ohne Slipwagen ins Wasser gebracht werden. Der Wind weht genau auflandig. Deshalb ist die Großschot bereits am Segel eingehakt. Beide ziehen den Kat am Hanepotdraht direkt ins Wasser und können dort sofort ablegen, ohne den Kat lange zur Vorbereitung in den Wellen halten zu müssen.

Backholen:
Segel mit der Hand oder der Luvschot nach Luv holen

Backhalten:
Segel auf der Luvseite eines Boots halten (zum Beispiel um eine Wende zu unterstützen)

Fieren:
Loser lassen (meist einer Schot)

Auffieren:
Ganz lose lassen (meist einer Schot)

Ablegen bei auflandigem Wind

Vor allem im Sommer und am Nachmittag, wenn die meisten Menschen Zeit zum Segeln haben, weht häufig ein auflandiger Wind. Diese sogenannte Thermik entsteht, weil sich die Luft über dem Land stärker erwärmt als über dem Wasser. Sie steigt auf, und vom Wasser strömt kühlere Luft nach. Verbunden mit den entsprechenden Wellen, der Brandung, wird der auflandige Wind zu den schwierigsten Bedingungen für ein Ablegemanöver.

Zu welcher Seite soll abgelegt werden?

Zunächst muß festgelegt werden, ob mit Wind von steuerbord oder von backbord abgelegt werden soll. Weht der Wind etwas schräg von rechts aufs Ufer, ist es günstiger, mit Wind von steuerbord (von rechts) abzulegen, und umgekehrt, weil der erste Am-Wind-Kurs einen gleich etwas weiter vom Land weg ins tiefere, freiere Wasser bringt. Bei der Entscheidung spielen natürlich auch etwaige andere feste oder schwimmende Hindernisse links und rechts der Ablegestelle eine Rolle. Sind auf der linken Seite Hindernisse im Wasser, sollte nach rechts abgelegt werden und umgekehrt.

Trifft der Wind senkrecht, das heißt genau auflandig aufs Ufer, ist das Ablegen oft am schwierigsten. Das gilt vor allem, wenn links und rechts der Ablegestelle Hindernisse im Wasser sind. Manchmal muß quasi noch während des Ablegemanövers einmal oder zweimal gewendet werden. Das Wenden (siehe Seite 66ff.) ist jedoch in der ersten Phase, in der die Brandung durchquert werden muß, nicht möglich. Außerdem ist es besonders schwierig, solange der Kat noch langsam segelt.

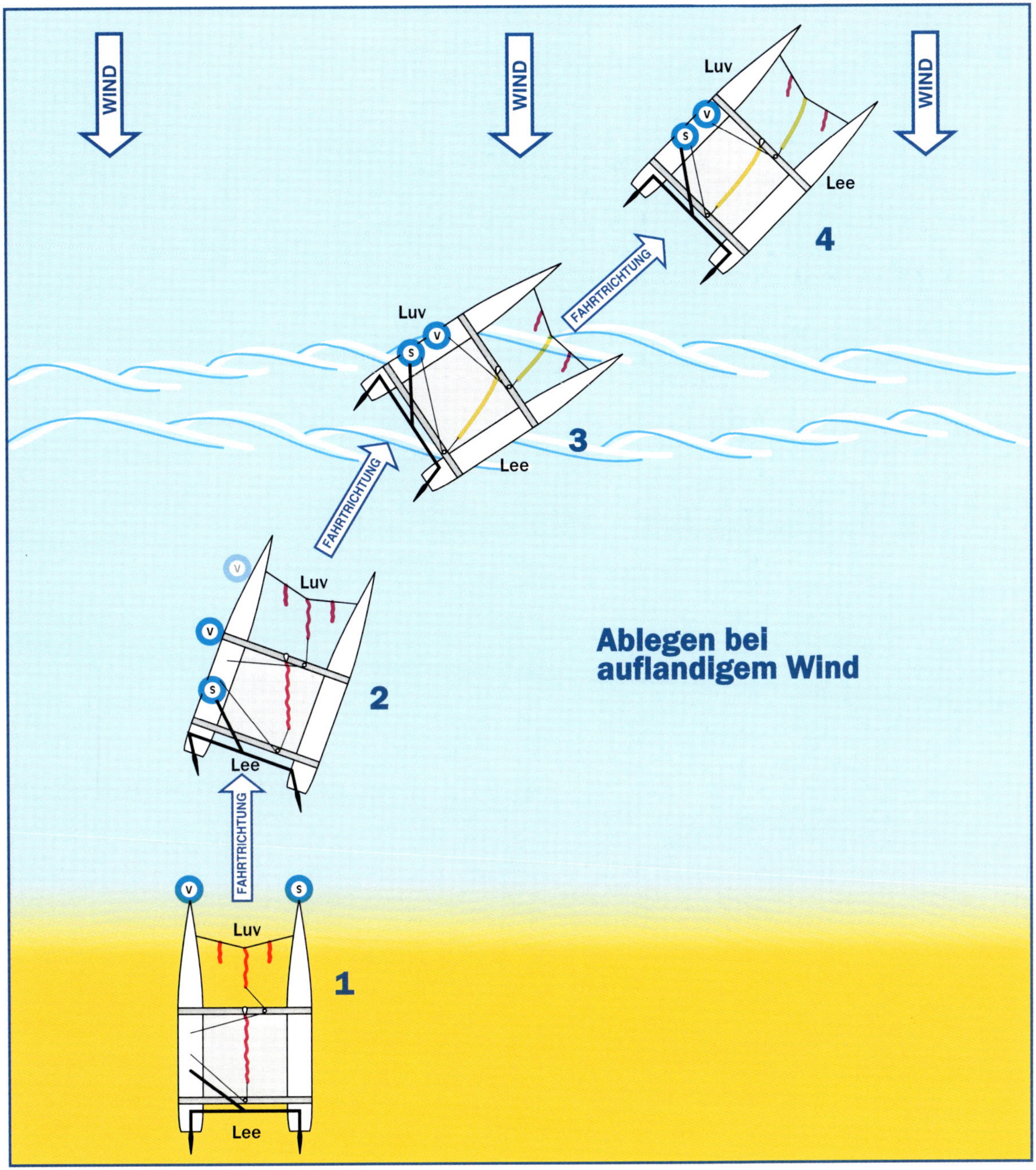

1 *Vorschoter* ***(V)*** *und Steuermann* ***(S)*** *ziehen den Kat an den Bugspitzen vom Strand ins Wasser.*

2 *Der Vorschoter hält den Kat an der Luvbugspitze in den Wind. Der Steuermann steigt auf, zieht Großschot und Fockschot dicht und klemmt beide ein. Die Ruder läßt er halb herunter. Die aufgefierte Travellerschot hält er in der Hand und zieht die Pinnenverlängerung zum Abfallen. Dann zieht der Vorschoter den Kat an sich vorbei und dreht ihn dabei auf den gewünschten Am-Wind-Kurs. Zum Schluß steigt er ebenfalls auf.*

3 *Der Steuermann steuert den Kat mit Hilfe der Travellerschot (dichterziehen = anluven und fieren = abfallen) auf dem Am-Wind-Kurs durch die Brandung. Der Vorschoter hält die Fockschot dichtgezogen.*

4 *Im tiefen Wasser werden die Ruder ganz heruntergestellt. Danach kann der Steuermann die Travellerschot ganz dichtziehen und einklemmen, um auf dem Am-Wind-Kurs weiterzusegeln.*

Ablegen bei auflandigem Wind

__1__ Zum Ablegen bei auflandigem Wind mit Brandung hält die Vorschoterin den Kat am Luvschwimmer in Windrichtung. Der Steuermann zieht die Fockschot dicht und klemmt diese ein. Auch die Großschot ist in der Klemme belegt, die Travellerschot ist aufgefiert und der Traveller außen.

__2__ Der Steuermann steigt auf. Danach zieht die Vorschoterin den Kat an sich vorbei und dreht ihn dabei nach links auf den Am-Wind-Kurs.

Zum Anluven zieht der Steuermann den Traveller zur Mitte, das heißt die Travellerschot dichter. Will er abfallen, fiert er sie, und der Traveller rutscht nach außen. Die Vorschoterin kann weniger Einfluß nehmen. Bei ihr hat die Schotarbeit die umgekehrte Wirkung. Durch Dichtziehen fällt der Kat ab, durch Fieren luvt er an.

Die Crew meistert die ersten Kämme der auslaufenden Brandung perfekt. Die Travellerschot ist halb dichtgezogen und die Fockschot ganz dicht. Zusätzlich könnte die Crew jetzt noch durch Gewichtsverlagerung das Anluven (Gewicht nach vorn) und Abfallen (Gewicht nach hinten) unterstützen. Sie sollte bei hoher Brandung aber nicht zu weit nach vorn rücken. Sonst wird der Kat überspült und kann unkontrolliert aus der Fahrtrichtung gedrückt werden.

3 *Während die Vorschoterin aufsteigt, greift der Steuermann die Pinnenverlängerung. Weil das Wasser noch sehr flach ist und eine Untiefe (Sandbank) hinter der Ablegestelle liegt, läßt er die Ruder hochgestellt.*

4 *Um den Kat auf Am-Wind-Kurs ohne Ruder durch die Brandung zu steuern, zieht der Steuermann die Großschot dicht und belegt sie in der Klemme. Anschließend wird er die Travellerschot in die Hand nehmen, ohne sie einzuklemmen. Die Vorschoterin zieht die Fockschot dicht und behält diese ebenfalls in der Hand.*

Sogar bei Starkwind ist es möglich, einen Einsteiger-Kat mit hochgestellten Rudern sicher durch die rund ein Meter hohen, brechenden Wellen zu steuern.

Es geht auch ohne Ruder

Bei Brandung, hohen Wellen oder flachen Sandbänken hinter dem ersten tieferen Wasser kann es möglich sein, daß die Ruder in der ersten Phase des Ablegens noch nicht halb heruntergelassen werden können.
Dann ist die Ruderwirkung geringer oder gar nicht vorhanden, und das Ablegen wird schwieriger. Gewußt wie, ist auch das kein Problem. In diesem Fall muß die Crew geschickt mit der Fockschot und der Travellerschot arbeiten. Bei dichter Fockschot und loser Travellerschot fällt der Kat ab. Bei loser Fockschot und dichter Travellerschot luvt der Kat an. Dabei macht er Vorwärtsfahrt in tieferes Wasser. Die Großschot wurde vorher dichtgezogen und eingeklemmt. Das Steuern mit Fockschot und Travellerschot kann die Crew durch Gewichtsverlagerung zusätzlich unterstützen. Sitzt sie weit hinten, fällt der Kat ab, rutscht sie nach vorn, luvt er an. Dieses Wechselspiel ist eine gute Übung für das Gefühl, wie sich ein Kat verhält, und für das Zusammenspiel der Mannschaft. Das sollte jede Crew auch auf dem freien Wasser mal probieren, um es dann zu be-herrschen, wenn es zum Ablegen wirklich nötig ist.

Der Ablauf des Ablegens bei auflandigem Wind ist ansonsten ähnlich dem Ablegen bei parallelem Wind (Ruder halb herunterlassen, Vorliekstrecker und Fockschot dichtziehen, Travellerschot auffieren). Der Unterschied ist, daß ein Kurs hoch am Wind statt halbwinds (Flieger-Kurs) gesegelt wird. Deshalb wird die Großschot ganz dichtgezogen.

Pinnenverlängerung nur etwas drücken

Der Steuermann muß aufpassen, daß er die Pinnenverlängerung nicht zu stark drückt, weil der Kat dann zu stark anluvt und im Wind aufstoppt. Passiert es dennoch, muß der Vorschoter die Fock backhalten und der Steuermann bei loser Travellerschot das Großsegel am Unterliek oder an der Großschottalje nach Lee drücken. Dadurch dreht sich der Kat wieder auf den gewünschten Am-Wind-Kurs zurück.

Vor brechenden Wellen anluven

Zieht der Steuermann die Pinnenverlängerung zu weit, fällt der Kat zu stark ab und fährt nur parallel zum Ufer, statt ins freie Wasser zu gelangen. Besonders in der Brandung darf nicht zu stark abgefallen werden, weil die Wellen den Kat durch ihre Wucht querschlagen können, wodurch er noch weiter abfällt. Deshalb sollte vor großen und brechenden Wellen angeluvt werden, um sie möglichst senkrecht zu durchsegeln.

Ablegen bei ablandigem Wind

Bei ablandigem Wind muß sich die Crew zwischen zwei Ablegemethoden entscheiden. Bei beiden wird der Kat mit dem Heck zuerst zu Wasser gebracht.
Weht der Wind schräg ablandig bis parallel zum Ufer, hält der Vorschoter den Kat im knietiefen Wasser in den Wind, während der Steuermann ihn – wie gehabt – zum Abfallen vorbereitet. Allerdings nimmt er die Fockschot nicht in Lee, sondern in Luv dicht, so daß die Fock backsteht. Das unterstützt das Abfallen später zusätzlich. Die Großschot wird nur ein bißchen dichtgezogen und in der Klemme belegt.

Sofort weit nach hinten setzen

Ist das Boot startklar, setzt sich der Steuermann gleich weit nach hinten, damit der Vorschoter nach dem Drehen des Kats aus dem Wind in Fahrtrichtung auch weit hinten aufsteigen kann. Diese Sitzpositionen unterstützen das Abfallen bei voll eingeschlagenen Rudern (Pinnenverlängerung stark ziehen). Das alles ist

Luvschwimmer:
Dem Wind zugewandter Rumpf, auf dem der Steuermann sitzt

Leeschwimmer:
Dem Wind abgewandter Rumpf, die Seite, auf der die Segel stehen

Winddruck:
Druck des Winds in den Segeln

Überdruck:
Zuviel Winddruck

Klemme:
Beschlag zum Befestigen von Leinen, Streckern, Schoten und Fallen

__1__ Steuermann __(S)__ und Vorschoter __(V)__ schieben den Kat mit den Bugspitzen im Wind rückwärts ins Wasser. Die Ruder bleiben hochgestellt, und alle Schoten sind aufgefiert.

__2__ Im Wasser setzen sich beide auf die Bugspitzen. Durch das Eintauchen wirken sie wie Ruder, und der Kat treibt mit dem Wind aufs freie Wasser.

__3__ Im tiefen Wasser werden die Ruder vom Steuermann heruntergestellt. Der Vorschoter holt die Fock durch Ziehen der Luvschot back. Die heruntergestellten Ruder schlägt der Steuermann wegen der Rückwärtsfahrt durch Drücken der Pinnenverlängerung zum Abfallen ein.

__4__ Ist die Rückwärtsfahrt durch das Abfallen gestoppt, werden die Ruder zum Abfallen auf Vorwärtsfahrt durch Ziehen der Pinnenverlängerung umgelegt. Die Fock wird weiterhin backgehalten.

__5__ Mit der zunehmenden Fahrt fällt der Kat auf Vorwindkurs ab. Die Fockschot wird dann in Lee halb dichtgezogen, die Travellerschot bleibt aufgefiert und die Großschot leicht dichtgezogen.

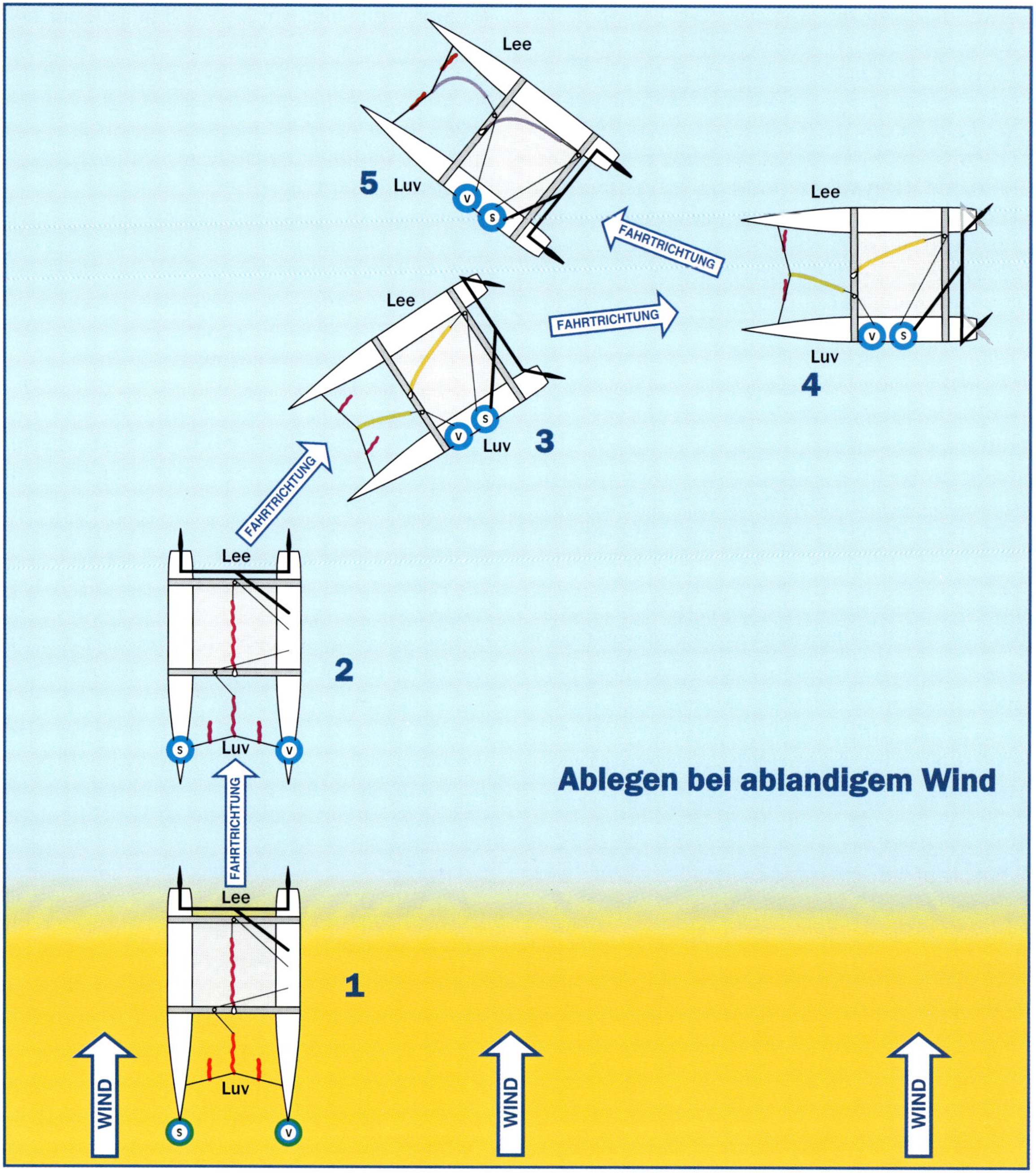

notwendig, weil ein Kat auf dem Vorwindkurs mit Druck im Großsegel das Bestreben hat anzuluven und ziemlich schwerfällig abfällt.
Liegt der Kat auf Kurs ins freie Wasser, nimmt der Vorschoter die Fock mit halb gezogener Schot auf die richtige (Lee-)Seite. Dort können die Ruder dann wieder in Ruhe ganz heruntergestellt und die optimalen Sitzpositionen für den gewünschten Kurs eingenommen werden.

Auf die Bugspitzen setzen

Bei senkrecht vom Uferverlauf zum Wasser wehenden, das heißt genau ablandigem Wind wird ein anderes Ablegemanöver gefahren, das sicherer ist. Dazu wird der Kat wieder rückwärts ins Wasser gebracht, und die Mannschaft setzt sich auf die beiden Bugspitzen. Durch das Gewicht werden die vorn schlanken Rümpfe heruntergedrückt und wirken wie Ruder. Der Kat treibt rückwärts ins freie, tiefe Wasser, wo die Crew aufs Trampolin rutscht.

Die Fock backholen

Der Steuermann stellt die Ruder ganz herunter und arretiert sie. Großschot und Vorliekstrecker sind dichtgezogen, die Travellerschot bleibt aufgefiert. Dann zieht der Vorschoter die Fockschot auf der Seite dicht, auf die nicht abgefallen werden soll. Die backgehaltene Fock drückt den Bug vom Wind weg in die gewünschte Fahrtrichtung. Ist der Flieger- oder der Am-Wind-Kurs erreicht, nimmt der Vorschoter die Fockschot auf der Leeseite dicht, und der Steuermann zieht die Travellerschot dicht. Der Kat beschleunigt und kann manövriert werden.

Anlegen bei parallelem Wind

Auch beim Anlegen muß die Crew darauf achten, daß keine Badegäste oder andere Wassersportler gefährdet werden. Und es gilt genauso, feste Hindernisse sicher zu umfahren.
Am einfachsten ist auch das Anlegen bei einer Windrichtung parallel zur Küste. Auf dem freien Wasser, wenn der Kat im Wind steht oder beigedreht liegt, werden die Ruder halb hochgezogen oder -geklappt. Bei einer Ruderanlage mit einer Auflaufsicherung geschieht das durch Grundberührung automatisch, wenn der Kat mit halbem Wind (Flieger-Kurs) ins flache Wasser gesegelt wird.
Dort fährt der Steuermann durch Drücken der Pinnenverlängerung einen Aufschießer, das heißt er steuert den Kat mit dem Bug nach Luv in den Wind parallel zum Ufer. Die Segel beginnen zu flattern, und die Fahrt wird langsamer.

Zur Sicherheit Großschot aushaken

Steht der Kat fast auf der Stelle, nimmt der Vorschoter die Fockschot aus der Klemme und fiert sie auf. Dann steigt er ab und hält den Kat am Hanepotdraht oder an den Bugspitzen mit dem Bug in den Wind. Gleichzeitig fiert der Steuermann die Großschot, die Travellerschot und den Vorliekstrecker auf. Danach steigt auch er ab und stellt die Ruder ganz hoch. Zur Sicherheit sollte er noch die Großschot am Segel aushaken, damit es beim Anlanden des Boots keinen Winddruck bekommen kann. Dadurch könnte der Kat umkippen.
Gemeinsam ziehen beide dann den Kat rückwärts oder vorwärts, je nach dem ob der Wind etwas schräg zum Ufer weht, an Land. Er kann auch mit einem Slipwagen angelandet werden.

Anlegen bei auflandigem Wind

Die sicherste Möglichkeit, bei auflandigem Wind anzulegen, entspricht dem Ablegen bei ablandigem Wind. Will heißen, die Crew sitzt auf den Bugspitzen, und der Kat treibt mit dem Wind rückwärts aufs Land zu.
Dazu fährt der Steuermann im tiefen Wasser vor der Brandung einen Aufschießer in den Wind. Bereits dort draußen werden die Ruder ganz hochgestellt sowie alle Schoten und der Vorliekstrecker aufgefiert. Dann rutscht die

***Aufschießer:* Bugspitzen durch Anluven in den Wind drehen, um den Kat zu stoppen**

***Auflaufsicherung:* Vorrichtung, durch die die Ruder bei Grundberührung automatisch aus ihrer Arretierung gelöst werden**

***Aus dem Ruder laufen:* Mit den Rudern keine Kontrolle mehr über die Fahrtrichtung haben**

***Wind von Backbord:* Der Wind trifft auf die linke Seite des Kats, und die Segel stehen auf der rechten Seite (alte Bezeichnung: „Steuerbordbug“)**

***Wind von Steuerbord:* Der Wind trifft auf die rechte Seite des Kats, und die Segel stehen auf der linken Seite (alte Bezeichnung: „Backbordbug“)**

Die sicherste Möglichkeit, bei auflandigem Wind anzulegen, ist rückwärts treibend. Dazu wurden die Ruder ganz hochgestellt, und die Crew hat sich auf die Bugspitzen gesetzt. Über die schlanken Rümpfe erzielt sie damit eine Ruderwirkung rückwärts geradeaus. Groß- und Travellerschot sind aufgefiert. Durch Backhalten der Fock korrigiert der Steuermann die Fahrtrichtung. Außerdem treibt der Kat so schneller.

Auf den Bugspitzen sitzend kann sich die Crew in aller Ruhe bis ins ganz flache Wasser treiben lassen und dort absteigen.

Crew auf die Bugspitzen. Es ist besonders wichtig, daß die Ruder hochgestellt sind und durch die Gewichtsverlagerung ganz aus dem Wasser kommen. Sonst funktioniert das „gesteuerte Treiben“ mit den eingetauchten Bugspitzen als „Ruder“ nicht. Liegt der Kat nicht im Wind, um geradeaus rückwärts zum Ufer zu treiben, kann die Richtung mit der Fock korrigiert werden. Zeigen die Bugspitzen nach rechts (von der Windrichtung), muß die Fock auf der rechten Seite (steuerbord) backgehalten werden und umgekehrt. Die backgehaltene Fock beschleunigt das Treiben ins flache Wasser, wo die Crew absteigt und den Kat rückwärts an Land bringt.

Bei auflandigem Wind ist die Crew auf Vorwindkurs bis zur Brandungszone gesegelt. Die Ruder brauchten nicht hochgestellt zu werden, weil der Kat eine Auflaufsicherung hat. Dort fällt der Steuermann noch etwas ab und steuert den Kat mit Wind fast von hinten auf einer Welle Richtung Land. Dabei sind Travellerschot und Großschot aufgefiert. Die Vorschoterin hat die Fockschot wie beim Vorwindkurs halb dichtgezogen.

Im flachen Wasser fährt der Steuermann einen Aufschießer. Dazu drückt er die Pinnenverlängerung stark zum Anluven, und der Kat dreht in den Wind. Die Vorschoterin macht sich fertig zum Absteigen.

Bei schräg auflandigem Wind kann der Kat auch auf Vorwindkurs angelandet werden. Sobald die Brandung beginnt, versucht der Steuermann den Kat auf einer Welle ins flache Wasser zu steuern. Dabei muß er aber aufpassen, daß ihm der Kat nicht aus dem Ruder läuft und unkontrolliert quer zur Brandung schlägt. Erst im flachen Wasser, wo die Brandung schon ausläuft, fährt er einen Aufschießer, und die Crew vollendet das Anlegen wie gehabt.

Anlegen bei ablandigem Wind

Relativ einfach ist das Anlegen bei ablandigem Wind. Mit halb hochgestellten Rudern segelt die

Nach dem Aufschießer kommt der Kat schnell zum Stehen. Die Vorschoterin ist abgestiegen, um den Kat am Luvschwimmer in den Wind zu halten. Auch der Steuermann steigt ab, um die Ruder ganz hochzustellen. Dann kann der Kat rückwärts an Land geschoben werden.

Bei beiden Anlegemanövern mit auflandigem Wind wird der Kat rückwärts, das heißt mit dem Bug zum Wind an den Bugspitzen ans Ufer geschoben und am Achterbeam an Land gezogen.

Crew auf Am-Wind-Kurs ins flache Wasser, wo wieder ein Aufschießer gefahren wird. Die Anlegestelle sollte so gewählt werden, daß gefahrlos gewendet werden kann, wenn auf dem Weg ans Ufer noch eine Wende nötig sein sollte.

Im Flachwasser wird der Katamaran aufs Anlanden vorbereitet und diesmal vorwärts (Bugspitzen in den Wind) mit oder ohne Slipwagen an Land gezogen. Dort wird er wie vorm Ablegen sicher abgestellt (siehe Seite 29).

Fragen

1. Was müssen Steuermann und Vorschoter vor dem Ablegen absprechen?
2. Wie sollte der Wind bei der Vorbereitung und während der ersten Phase des Ablegens auf den Kat treffen und warum?
3. Wo hält der Vorschoter den Kat vor dem Ablegen in den Wind?
4. Wie stellt der Steuermann die Segel bei auflandigem Wind ein, bevor der Vorschoter aufsteigt?
5. In welche Richtung drückt der Vorschoter den Kat vor dem Aufsteigen?
6. Wie kann ein Kat mit hochgestellten Rudern durch die Brandung gesteuert werden?
7. Welche Segelstellung unterstützt das Abfallen?
8. Wie wird bei schräg von rechts aufs Ufer treffendem Wind abgelegt?
9. Wie beginnt das Ablegen bei ablandigem Wind?
10. Wie enden alle Anlegemanöver, außer bei genau auflandigem Wind?

Antworten

1. Die Ablegerichtung anhand der Windrichtung und etwaiger Hindernisse im Wasser
2. Immer von vorn auf den Kat, damit er nicht durch plötzlichen Winddruck umkippen kann
3. An der Bugspitze gegenüberliegend der Ablegerichtung
4. Fockschot und Großschot dichtziehen und einklemmen, Travellerschot lose
5. Wie beim Abfallen nach Lee aus dem Wind auf den Am-Wind-Kurs
6. Durch Fieren (= Abfallen) und Dichtziehen (= Anluven) der Travellerschot
7. Fockschot dichter und Travellerschot loser
8. Mit Ablegen bei auflandigem Wind nach links
9. Die Crew sitzt auf den Bugspitzen, und der Kat treibt ins tiefe Wasser
10. Mit einem Aufschießer in den Wind

Kurse

Windfäden:
Schmale Streifen aus dünnem Segeltuch am Hanepot (Windrichtungsanzeiger, auch zum Steuern auf Vorwindkurs) und in der Fock (Steuerfäden für Am-Wind-Kurs und Flieger)

Windex:
Pfeil am Hanepot als Windrichtungsanzeiger statt der Windfäden

Steuerfäden:
Windfäden, nach denen gesteuert wird (auf Am-Wind-Kurs und Flieger die Fockfäden, und auf Vorwindkurs die Fäden am Hanepot)

Vom chronologischen Ablauf des Katamaransegelns her wurde vor den typischen Kursen und Manövern wie Am-Wind-Segeln, Wenden und Halsen natürlich das Ablegen beschrieben. Das Ablegen ist jedoch ein vergleichsweise komplexes Manöver, bei dem einige grundsätzliche Dinge über die Kurse fast schon vorausgesetzt werden.

Der praktische Teil eines sicheren Einstiegs ins Katamaransegeln beginnt deshalb meist auf dem freien Wasser mit dem Flieger-Kurs (siehe Seite 53). Die anfangs schwierig erscheinenden Ablegemanöver sollte ein erfahrener Segler steuern, während reine Anfänger ihre ersten Erfahrungen als Vorschoter sammeln.

Um die verschiedenen Kurse beim Katsegeln zu erkennen und zu beherrschen, ist ein bißchen Theorie nötig. Die soll niemand verwirren, sondern dient nur dem besseren Verständnis, was in der Praxis passiert.

Wahrer und scheinbarer Wind

Jedes Segelboot segelt mit dem scheinbaren Wind, der auch beim Einsteiger-Katamaran von den Windfäden vorn an den Hanepotdrähten angezeigt wird (siehe Seite 16). Deshalb ist es so wichtig, ständig auf die Windrichtungsanzeiger (Windfäden) zu achten.

Der scheinbare Wind setzt sich aus dem wahren Wind, der an Land und auf einem Kat ohne Fahrt zu spüren ist, und dem Fahrtwind durch die Geschwindigkeit des Boots zusammen (siehe Grafik Seite 50/51).

Die Richtung des wahren Winds ist beim Segeln am besten an den Wellen zu erkennen. Weil Katamarane relativ schnell sind, das heißt viel Fahrtwind erzeugen, unterscheidet sich die Richtung vom scheinbaren Wind mehr von der Richtung des wahren Winds als bei Jollen.

Bereits nach wenigen Übungsstunden auf einem Katamaran können Einsteiger Trapezsegeln. Die Crew konzentriert sich auf den Flieger-Kurs, damit der Kat nicht kentert und keinen Stecker fährt.

Kurse	Am Wind	Flieger
Wahrer Wind **+ *Fahrtwind*** **= *Scheinbarer Wind*** *(Stärke und Richtung)*		

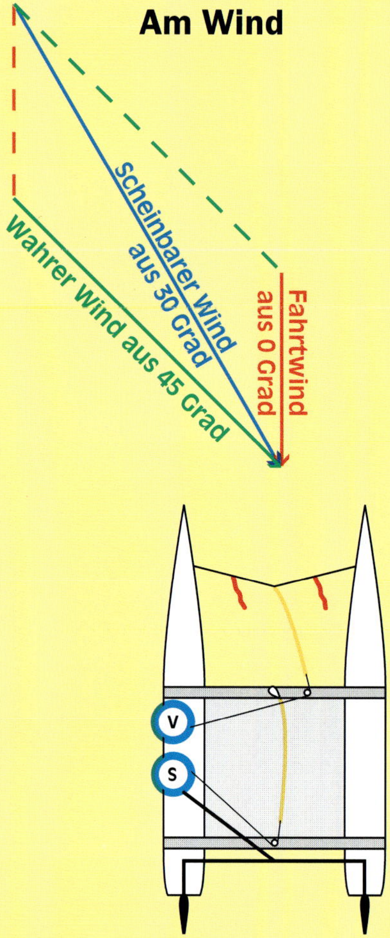

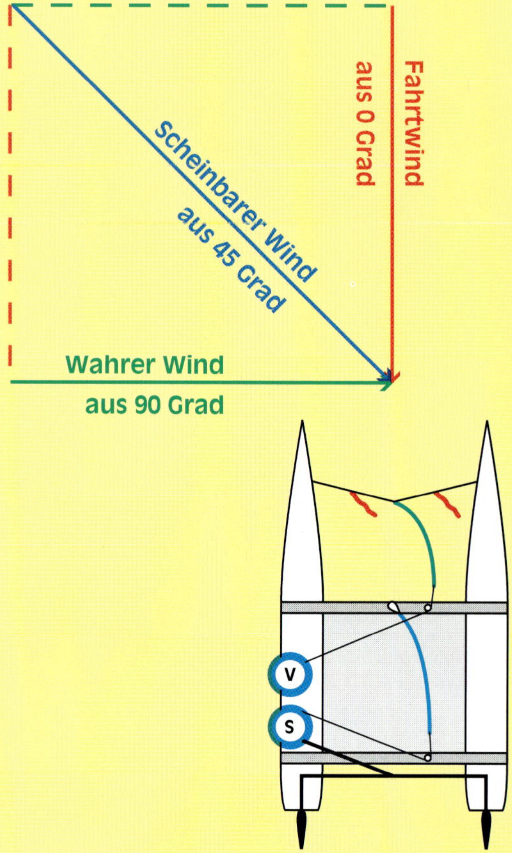

Windfäden
(zeigen scheinbaren Wind, mit dem der Kat segelt)

Segelstellung
(wird nach dem von den Windfäden angezeigten Kurs eingestellt)

Sitzposition

	Am Wind	Flieger
Wahrer Wind aus	**45 Grad**	**90 Grad**
Scheinbarer Wind aus	**30 Grad**	**45 Grad**
Travellerschot	ganz dichtgezogen	fast dichtgezogen
Großschot	ganz dichtgezogen	fast ganz dichtgezogen
Fockschot	ganz dichtgezogen	fast ganz dichtgezogen

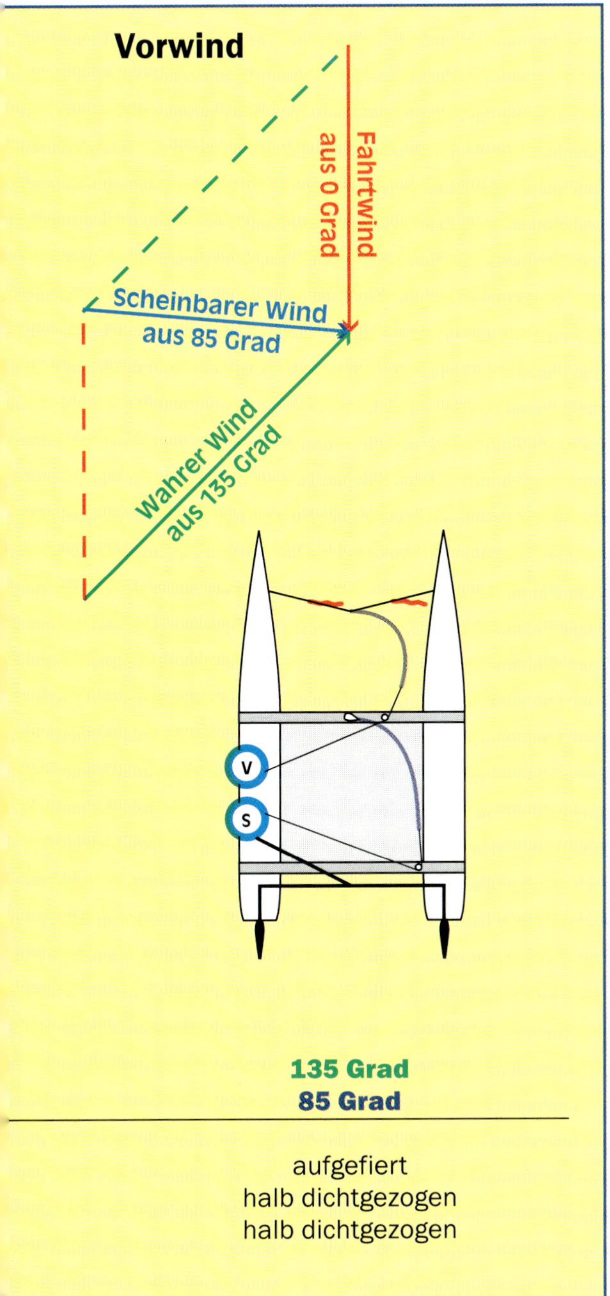

Wahrer Wind kommt nie von hinten

Beim Katamaran soll der scheinbare Wind, den die Windfäden am Hanepot anzeigen, höchstens genau von der Seite (aus 90 Grad) kommen, aber nie schräg von hinten. Wenn die Fäden Wind schräg von hinten anzeigen, wird ein Katamaran konstruktionsbedingt viel langsamer als auf den üblichen Kursen. Die Katamaran-Freaks sagen dazu, „die Strömung ist abgerissen". Das liegt daran, daß ein Kat mit sogenannter laminarer (anliegender) Windströmung an den Segeln gesegelt wird.

Die drei Kurse

Ein Kat wird auf drei verschiedenen Kursen gesegelt (siehe Grafik Seite 52). Der erste heißt Am-Wind-Kurs, bei dem der wahre Wind schräg von vorn kommt und die Fäden einen scheinbaren Wind fast ganz von vorn anzeigen. Der zweite heißt Flieger-Kurs oder auch Halbwind-Kurs, bei dem der wahre Wind von der Seite kommt und die Fäden einen scheinbaren Wind schräg von vorn anzeigen. Und der dritte heißt Vorwindkurs, bei dem der wahre Wind schräg von hinten kommt und die Fäden den scheinbaren Wind von der Seite anzeigen.

Mit wahrem Wind genau von hinten, was die Jollen- und Dickschiffsegler achterlichen Wind oder „platt vorm Laken" nennen, werden moderne Katamarane nicht gesegelt, weil sie dabei zu langsam sind. Das wird nur in Notsituationen gemacht, wenn die Crew bei Starkwind überfordert ist und nur noch möglichst sicher auf direktem Weg an Land will.

Ein Kat kreuzt gegen und mit dem Wind

Wer also zu einem Ziel segeln will, das genau dort liegt, wo der Wind hinweht (in Lee), kreuzt dort mit Halsen vor dem Wind hin. Und genau gegen den Wind (nach Luv) kann nur ein Motorboot fahren. Um zu einem Ziel in Windrichtung zu gelangen, kreuzt ein Katamaran mit Wenden auf den Am-Wind-Kursen.

Am-Wind-Kurs:
Beim Katamaran der Kurs mit wahrem Wind aus 45 Grad und scheinbarem Wind aus 30 Grad

Flieger-Kurs:
Beim Katamaran der Kurs mit wahrem Wind aus 90 Grad und scheinbarem Wind aus 45 Grad (auch Halbwind-Kurs oder kurz Flieger genannt)

Vorwindkurs:
Beim Katamaran der Kurs mit wahrem Wind aus 135 Grad und scheinbarem Wind aus etwa 85 Grad

Spitzer Flieger:
Kurs zwischen Am-Wind-Kurs und reinem Flieger (Halbwind-Kurs)

Raumer Flieger:
Kurs zwischen Vorwindkurs und reinem Flieger (Halbwind-Kurs)

Fahrtrichtungen der Kurse

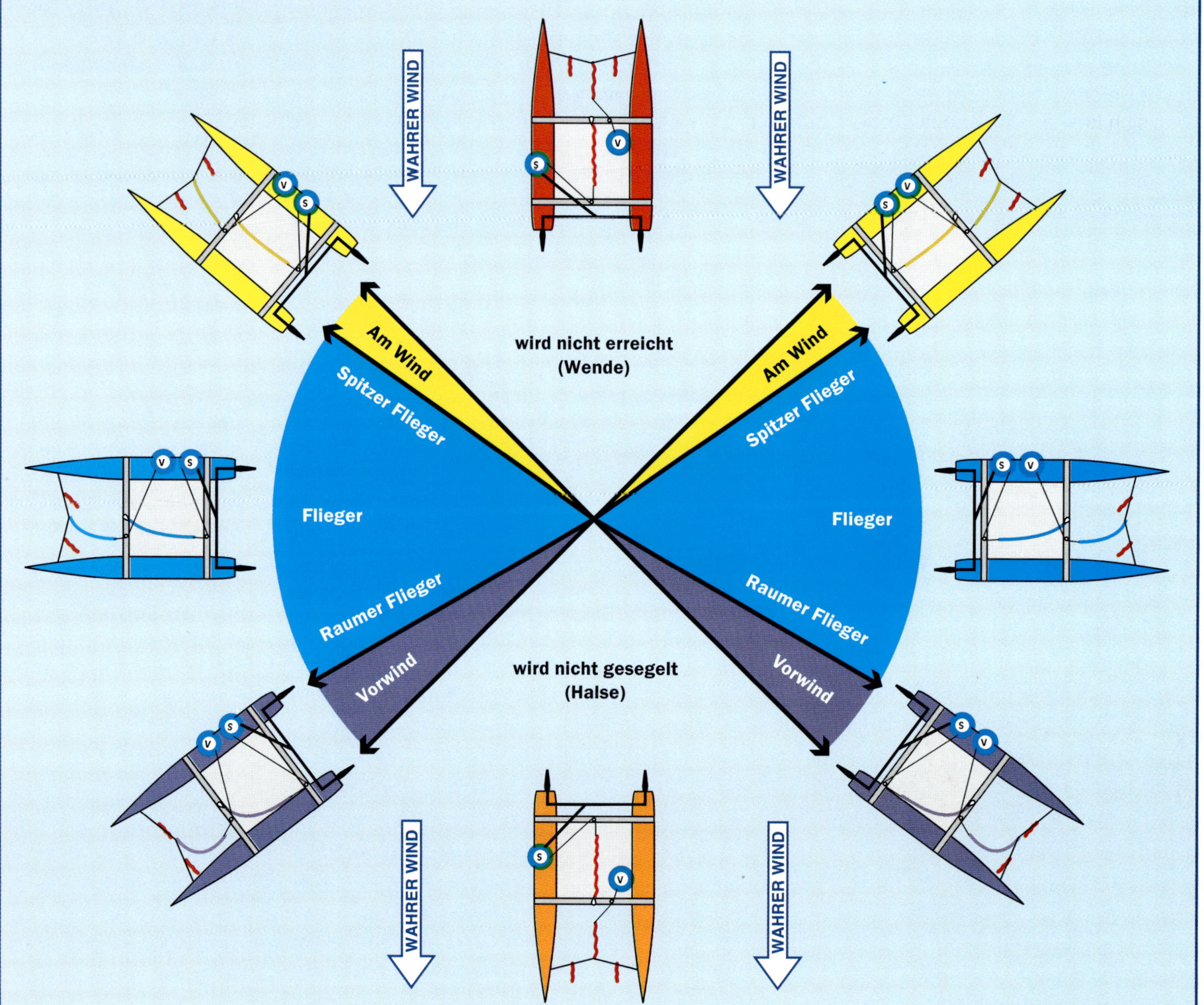

Flieger-Kurs

Der Kurs, den Einsteiger als erstes segeln, ist der Flieger-Kurs. Bei ihm kommt der wahre Wind etwa aus 90 Grad von der Seite und der scheinbare Wind etwa aus 45 Grad schräg von vorn. Er ist bei leichtem Wind am einfachsten zu segeln, weil sich kleine Fehler beim Steuern auf Geradeausfahrt nicht sofort bemerkbar machen. Außerdem macht der Flieger am meisten Spaß, weil er bei allen Windbedingungen der schnellste Kurs ist. Dafür ist bei starkem Wind auf dem Flieger die Gefahr am größten, daß der Kat kentert. Das kann ein Anfänger jedoch leicht verhindern, indem er die Schoten fiert.

Die Sitzpositionen auf dem Flieger

In den ersten Stunden auf einem Kat sitzt die Crew beim Segeln in Luv auf den Rümpfen. Der Vorschoter sitzt bei leichtem Wind vor dem

Die Crew segelt bei Starkwind einen Flieger-Kurs. Um einen Stecker zu vermeiden, steht sie weit hinten. Der Steuermann fährt die Großschot und die Vorschoterin die Fockschot aus der Hand, um beide jederzeit fieren zu können.

Want und der Steuermann hinter dem Want. Bei zunehmendem Wind rücken beide weiter nach hinten. Über das Trampolin rutscht die Crew nur bei Wenden oder Halsen, um vom einen auf den anderen Schwimmer zu gelangen. Dort wird nur während der Segelpausen gesessen oder gelegen. Auf dem Trampolin sind sogenannte Ausreitgurte angebracht, unter die die Crew ihre Füße steckt, damit sie einen besseren Halt hat.
Wenn der Kat mit aufgefierten Schoten und flatternden Segeln im Wind liegt, muß er zum Anfahren aus dem Wind gedreht werden. Dazu wird die Fock durch Dichtziehen der Luvschot backgeholt. Dadurch dreht der Kat mit dem Bug aus dem Wind und treibt etwas rückwärts. Das Drehen unterstützt der Steuermann, indem er die Pinnenverlängerung während des Rückwärtstreibens zum Abfallen drückt. Sobald der wahre Wind schräg von vorn kommt, fiert der Vorschoter die Luvschot auf, und das Anfahren kann beginnen.

Das Anfahren

Vor dem Anfahren zieht der Steuermann die Großschot halb dicht, klemmt sie ein und nimmt die Travellerschot in die Hand. Zum

Auf einem kleinen Einsteiger-Kat, der keinen Traveller hat, fährt der Steuermann die Großschot bei starkem Wind aus der Hand. Vorschoter, die noch keine Trapezerfahrung haben, sitzen möglichst weit hinten mit auf dem Schwimmer. Droht ein Stecker, werden die Schoten aufgefiert und eventuell zusätzlich angeluvt.

Kurse, Kurswechsel und Manöver

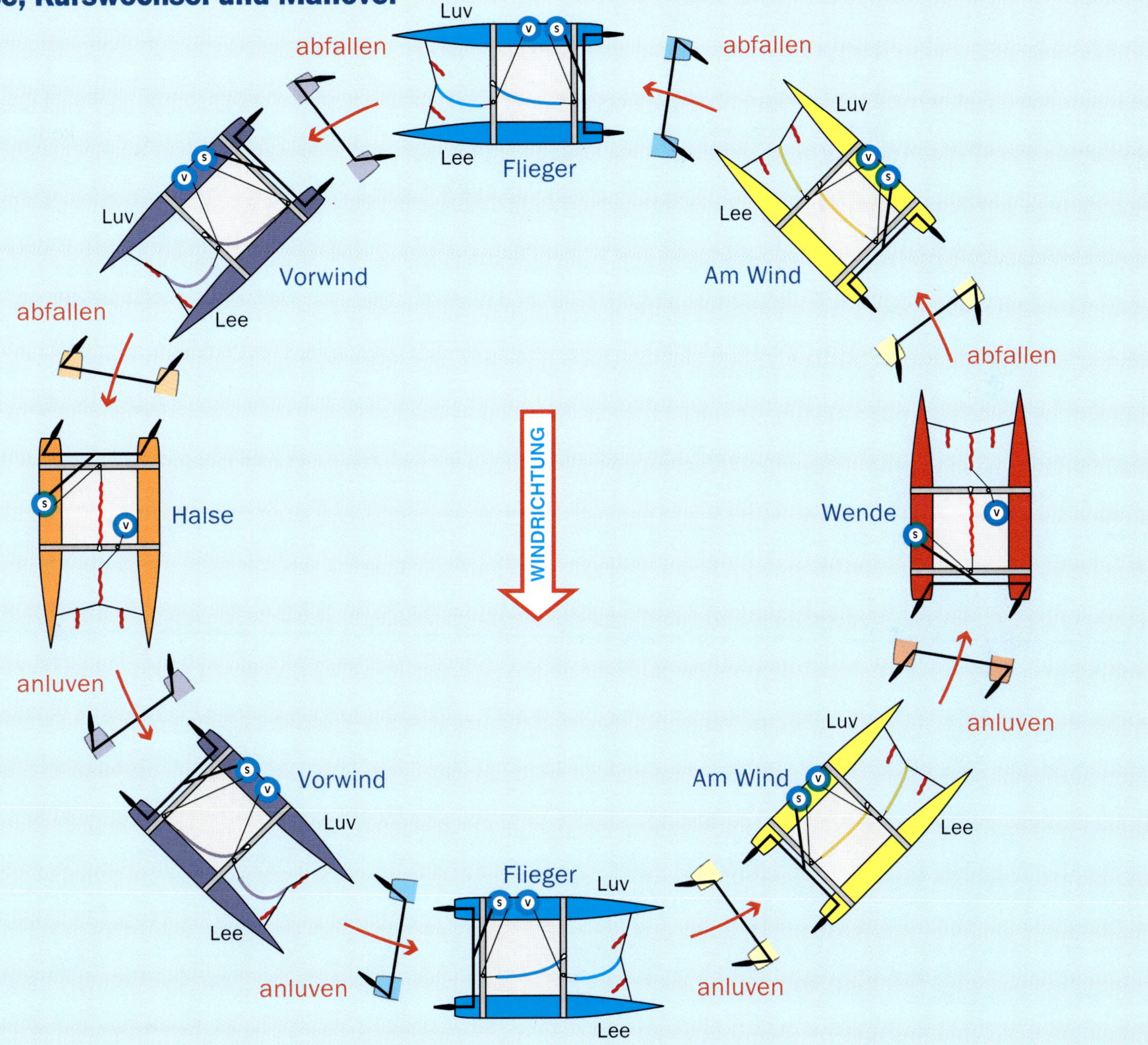

Anfahren zieht zunächst der Vorschoter die Leefockschot dicht, bevor der Steuermann die Travellerschot dichtzieht und die Pinnenverlängerung zum Abfallen etwas zieht. Der Kat nimmt dann sofort Fahrt auf und kann über die Pinnenverlängerung gesteuert werden.

Mit der Großschot beschleunigen

Sobald die Windfäden am Hanepot schräg von vorn (aus ca. 45 Grad) wehen, ist der gewünschte Flieger-Kurs erreicht. Die Travellerschot hat der Steuermann inzwischen auch eingeklemmt. Um den Kat weiter zu beschleunigen, muß er die Großschot dichterholen. Bald beginnt der Luvschwimmer zu steigen. Der Katspaß auf einem Rumpf beginnt.

Bei Böen Schoten fieren

Schon bei mittlerem Wind (Stärke drei bis vier) ist genug Druck im Segel, so daß der Kat kentern könnte. Dann sollte die Großschot nicht so dichtgezogen werden und nur auf einer Länge eingeklemmt werden, bei der die Kentergefahr auch in einer zusätzlichen Böe noch relativ gering bleibt.

Ein kräftiger Steuermann fährt die Großschot immer aus der Hand und verhindert das Kentern in einer starken Böe durch Fieren (loser lassen) der Großschot. Reicht das nicht, fiert der Vorschoter auch die Fockschot etwas. Ist die Böe vorüber, ziehen beide die Schoten wieder dichter. Die Schoten beim Segeln in der Hand zu behalten, ist ziemlich anstrengend. Es vermittelt aber auch den Einsteigern ein gutes Gefühl für die Reaktionen des Kats.

Bei Steckergefahr Gewicht nach hinten

Je stärker der Wind ist, desto weiter hinten muß die Crew sitzen, um durch die Gewichtsverlagerung die Bugspitzen anzuheben. Beim Flieger besteht sonst nämlich nicht nur die Kentergefahr durch Umkippen vom Winddruck, sondern auch die Gefahr eines sogenannten Steckers. Dabei taucht der Leerumpf zu tief unter die Wasseroberfläche ein, der Kat wird abrupt einseitig abgebremst und kentert (siehe Seite 86ff.). Wenn der Wind konstant zu stark wird, sollte der Steuermann deshalb die Travellerschot etwas fieren.

Steuerfäden der Fock

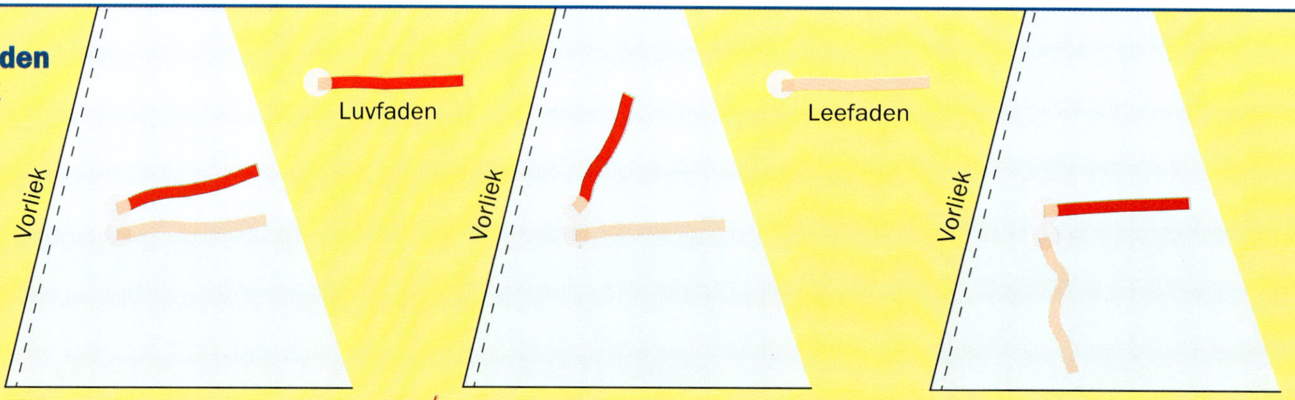

Luvfaden anliegend, leicht steigend
Leefaden anliegend
- idealer Kurs
- idealer Schotzug

Luvfaden flattert, stark steigend
Leefaden anliegend
- zu stark angeluvt, also abfallen oder Schot dichterziehen

Luvfaden anliegend
Leefaden flattert, fällt herunter
- zu stark abgefallen, also anluven oder Schot fieren

Bei Starkwind Vorliekstrecker ziehen
Eine weitere Möglichkeit, starken Wind durch Trimm auszugleichen, ist das stramme Dichtziehen des Großvorliekstreckers. Dadurch wird das Segel flachgezogen und nimmt nicht mehr soviel Winddruck auf. Der Vorliekstrecker, auch Cunningham genannt, wird für Fortgeschrittene zur wichtigsten Trimmeinrichtung.
Die Einsteiger üben das Flieger-Segeln erstmal mit fest eingestelltem Vorliekstrecker und eingeklemmter Travellerschot. Je nach Können und Windstärke werden früher oder später die Schoten aus der Hand gefahren. Wer vorsichtig beginnt, fährt die Segel zunächst etwas offener, um sich erstmal an den Kat zu gewöhnen. Am zweiten oder dritten Tag können dann bereits die anderen Kurse ausprobiert werden.

Am-Wind-Kurs

Durch Drücken der Pinnenverlängerung und Dichtziehen der Schoten dreht sich der Kat vom Flieger-Kurs höher an den Wind auf Am-Wind-Kurs. Diese Bewegung wird Anluven genannt. Ein Einsteiger-Kat kann so hoch an den Wind gehen, bis der wahre Wind etwa aus 45 Grad schräg von vorn kommt. Die Windfäden am Hanepot wehen dann aus etwa 30 Grad fast von vorn.

Fockfäden:
Windfäden auf beiden Seiten der Fock zum Steuern auf Am-Wind-Kurs und Flieger

Leefaden:
Windfaden auf der Leeseite der Fock, der beim Segeln schlechter zu sehen ist

Luvfaden:
Windfaden auf der Luvseite der Fock, der beim Segeln besser zu sehen ist

Anluven oder Abfallen?

Situation	Problem	Manöver	Aktion
Vorwärtsfahrt mit Rudern unten	Kat in die Windrichtung drehen	Anluven	Pinnenverlängerung drücken
Vorwärtsfahrt mit Rudern unten	Kat aus der Windrichtung drehen	Abfallen	Pinnenverlängerung ziehen
Rückwärtstreiben mit Rudern unten	Kat in die Windrichtung drehen	Anluven	Pinnenverlängerung ziehen
Rückwärtstreiben mit Rudern unten	Kat aus der Windrichtung drehen	Abfallen	Pinnenverlängerung drücken
Vorwärtsfahrt mit Rudern oben	Kat in die Windrichtung drehen	Anluven	Travellerschot ziehen
Vorwärtsfahrt mit Rudern oben	Kat aus der Windrichtung drehen	Abfallen	Travellerschot fieren
Am-Wind-Kurs in einer Böe	Luvschwimmer steigt Kat droht zu kentern	Anluven	Pinnenverlänger. drücken Großschot fieren
Flieger-Kurs in einer Böe	Kenterung oder Stecker droht	Anluven	Pinnenverlänger. drücken Groß- + Fockschot fieren
Vorwindkurs in einer Böe	Leeschwimmer unterschneidet, Stecker droht	Abfallen	Pinnenverlänger. ziehen Fock fieren

Der Steuermann sitzt in allen Situationen in Luv!

Höher steuern:
Anluven

Tiefer steuern:
Abfallen

An der Windkante:
Optimaler Kurs, bei dem auf Am-Wind-Kurs und Flieger beide Steuerfäden in der Fock anliegen und auf Vorwindkurs die Windfäden am Hanepot genau von der Seite wehen

Ausreitgurt:
Trimmgurt, unter den die Füße gesteckt werden, um das Körpergewicht über die Bordkante zu trimmen

Gewichtstrimm:
Verlagerung des Crewgewichts nach vorn oder hinten, bzw. Luv oder Lee, um den Kat sicherer und schneller zu segeln

Steuern nach Fockfäden
Um zu spüren, ob der Kat schon den Am-Wind-Kurs fährt, dienen die Windfäden auf beiden Seiten der Fock. Wenn der Leefaden waagerecht nach hinten ausweht und der Luvfaden leicht nach oben steigt, wird der Kat optimal gesteuert. Die Segelstellung dabei ist relativ einfach. Fockschot, Großschot und Travellerschot sind ganz dichtgezogen. Bei Leichtwind ist der Vorliekstrecker nur leicht gezogen, so daß gerade eben keine Falten mehr im Großsegelvorliek zu sehen sind. Wird der Wind stärker, muß der Vorliekstrecker angezogen werden.

Luvfaden steigt: Abfallen!
Sobald der Luvfaden (der vordere) stark und unruhig nach oben steigt, ist der Kurs zu hoch am Wind. Der Wind drückt die Fock dann auch schon im unteren Drittel am Vorliek ein. Der Steuermann muß etwas abfallen oder der Vorschoter die Fockschot ganz dichtziehen.

Leefaden flattert: Anluven!
Wenn der Leefaden (der hintere, durch das Segeltuch hindurch schlechter zu sehende Faden) unruhig zu flattern beginnt oder herunterfällt, fährt der Steuermann einen zu tiefen Kurs. Er muß etwas anluven, das heißt die Pinnenverlängerung drücken. Oder die Crew muß die Schoten etwas fieren. Dann ist es aber kein Am-Wind-Kurs mehr, sondern der Steuermann ist schon auf einen (spitzen) Flieger-Kurs abgefallen. Wer konstant auf Am-Wind-Kurs fährt, segelt genau an der Windkante. Das sicher zu

Bei mittlerem Wind sitzt die Crew auch auf dem Vorwindkurs auf dem Luvschwimmer. Wird er noch stärker, muß sie noch weiter nach hinten rutschen, um die Steckergefahr zu verringern. Wenn eine Böe einfällt, sollte die Vorschoterin die Fockschot fieren. Wird die Böe zu stark, muß die Steuerfrau abfallen, bis die Strömung an den Segeln abreißt.

beherrschen, erfordert viel Übung, ist aber sehr wichtig, wenn der Wind zunimmt. Denn leichte Böen gleicht der Steuermann am besten dadurch aus, daß er ein bißchen anluvt, wenn der Luvschwimmer zu stark steigt. Durch leichtes Drücken der Pinnenverlängerung nimmt er möglichst genau soviel Winddruck aus den Segeln, daß der Kat nicht kentern kann.

Schotzug und Steuertechnik

Wenn der Wind konstant stark ist oder eine starke, anhaltende Böe einfällt, muß der Steuermann zusätzlich die Großschot fieren, um den Winddruck zu verringern. Mit wechselndem Schotzug und der Steuertechnik (Anluven und Abfallen) regulieren erfahrene Katsegler das Steigen des Schwimmers ständig, so daß er möglichst knapp über der Wasseroberfläche schwebt. Dann ist der Kat am schnellsten.

Neueinsteiger können bei mittlerem bis starkem Wind natürlich zunächst die Schoten generell etwas loser fahren. So halten sie die Kentergefahr gering und tasten sich nach und nach an die optimale Segelstellung auf dem Am-Wind-Kurs heran.

Vorwindkurs

Vom Flieger-Kurs ausgehend muß der Steuermann weiter abfallen (Pinnenverlängerung ziehen), um auf den Vorwindkurs zu kommen. Dieser ist erreicht, wenn die Fäden am Hanepot den scheinbaren Wind aus 80 bis 90 Grad von der Seite anzeigen. Der wahre Wind kommt dann schräg von hinten.

Sitzpositionen auf Vorwindkurs

Zum Abfallen und auch für den folgenden Vorwindkurs muß die Crew allerdings weiter nach hinten zum Achterbeam rutschen. Der Vorschoter sitzt danach auch bei leichtem Wind ebenfalls hinter dem Want. Oder er setzt sich zur besseren Gewichtsverteilung auf den Lee-

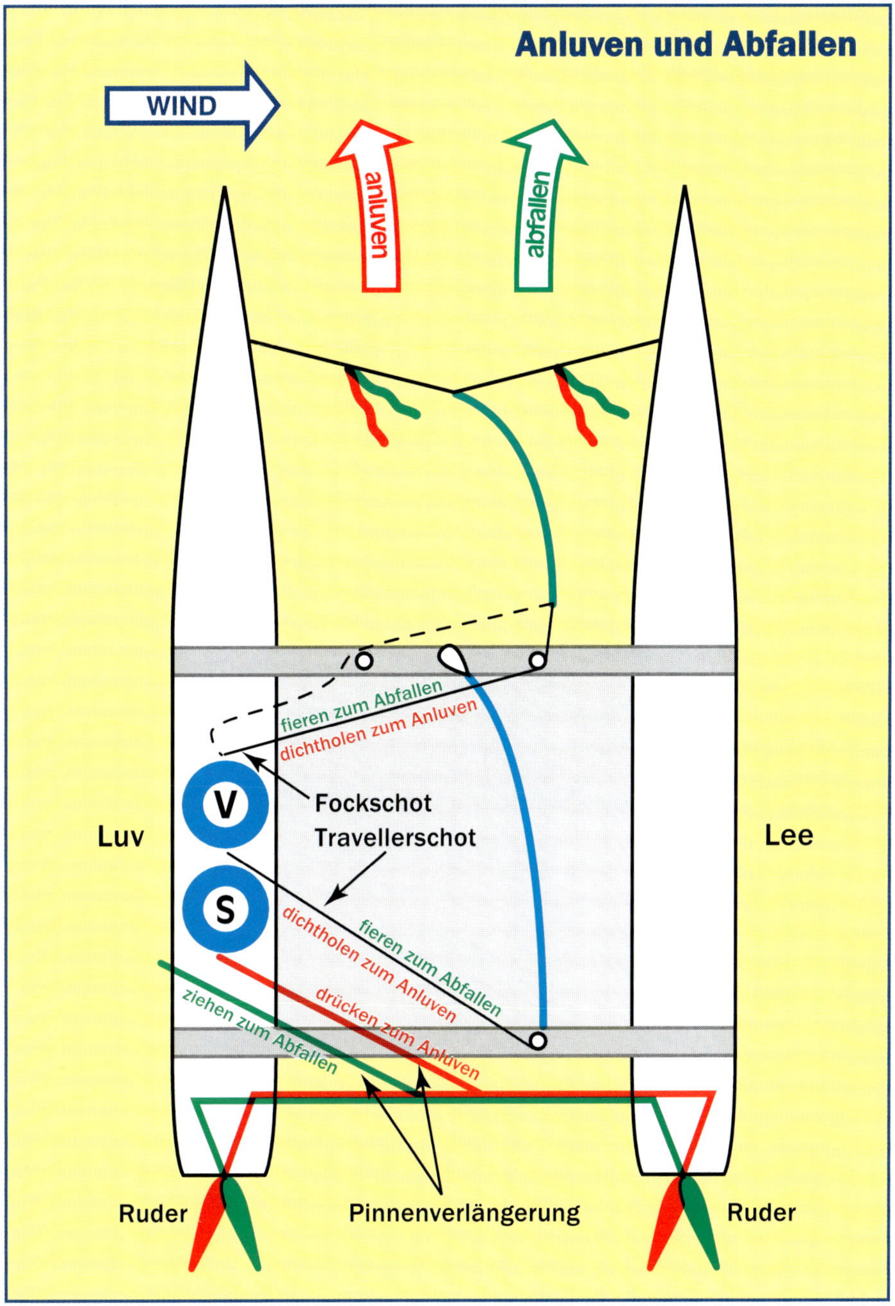

Der Kat segelt bei leichtem Wind auf dem Vorwindkurs, was deutlich an den Windfäden an den Hanepotdrähten zu erkennen ist. Sie wehen aus 80 bis 90 Grad von der Seite. Die Steuerfrau beobachtet die Fäden und steuert danach. Fallen sie herunter, muß sie anluven, zeigen sie den scheinbaren Wind spitzer als von der Seite an, muß sie abfallen. Die Crew hat ihr Gewicht auf beide Schwimmer verteilt und nach vorn verlagert. Der Vorschoter fährt die Fockschot aus der Hand. Wenn die Fock im oberen Drittel flattert, muß er die Schot etwas dichterziehen.

schwimmer, damit der Luvschwimmer nicht tiefer als der Leeschwimmer liegt. Dann würde der Kat langsamer segeln.

Travellerschot wird aufgefiert

Für den Vorwindkurs fiert der Steuermann beim Abfallen die Travellerschot auf, so daß der Traveller ganz nach außen rutschen kann. Die Großschot zieht er nur halb dicht, genau wie der Vorschoter die Fockschot. Die Segel stehen dann bauchig.

Bei mittlerem bis starkem Wind muß die Crew unbedingt weit hinten sitzen, weil sonst die Gefahr groß ist, daß der Kat einen Stecker fährt, indem die Spitze des Leeschwimmers die Wasseroberfläche unterschneidet. Um diese Gefahr gering zu halten, wird auch der Vorwindkurs an einer Windkante gesegelt. Wenn der Steuermann nämlich noch weiter abfällt, würde die Strömung an den Segeln abreißen und der Kat erheblich langsamer werden.

Das liegt daran, daß ein Katamaran konstruktionsbedingt mit sogenannter anliegender oder laminarer Strömung gesegelt werden sollte. So gelangt er mit einigen Halsen (Seite 62) zu einem Ziel in Lee trotz des Umwegs erheblich schneller als auf dem direkten Weg.

Abfallen statt Anluven

Nicht nur Einsteiger fallen über den optimalen Vorwindkurs hinaus ab, wenn der Kat in einer Böe zum Stecker neigt. Das ist die wichtigste Reaktion. Darüber hinaus kann der Vorschoter zur Unterstützung noch die Fockschot auffieren. Die Travellerschot sollte ja auf dem Vorwindkurs bereits aufgefiert sein.

Merke: Um auf dem Vorwindkurs auf Nummer sicher zu gehen, muß der Steuermann also abfallen, und nicht wie auf dem Am-Wind-Kurs anluven! So manche Verwechslung hat schon zur Kenterung durch spektakuläre Stecker geführt.

Fragen

1. Mit welchem Wind segelt ein Kat, und wie setzt der sich zusammen?
2. Wie und wo wird der scheinbare Wind angezeigt?
3. Wie heißen die drei Kurse des Kats?
4. Nach welchen Fäden sollte der Steuermann einen exakten Am-Wind-Kurs (auch Flieger) steuern?
5. Welche Kursänderung muß vorgenommen werden, wenn der Leefaden in der Fock (der schlechter zu sehen ist) flattert?
6. Wie ist auf Am-Wind-Kurs zu verhindern, daß der Luvschwimmer zu stark steigt?
7. Wie wird vom Flieger-Kurs auf einen Vorwindkurs abgefallen?
8. Nach welchen Fäden wird der Vorwindkurs gesteuert, und wie wehen diese?
9. Wie ist ein Stecker auf dem Vorwindkurs zu verhindern?
10. Wie ist ein Stecker auf dem Flieger-Kurs zu verhindern?

Antworten

1. Mit dem scheinbaren Wind, der sich aus dem wahren Wind und dem Fahrtwind zusammensetzt
2. Durch Windfäden oder einen Windpfeil (Windex) am Hanepotdraht
3. Am-Wind-Kurs, Flieger und Vorwindkurs
4. Nach den unteren Steuerfäden in der Fock (Lee- und Luvfaden)
5. Anluven (Drücken der Pinnenverlängerung)
6. Durch Anluven (Drücken der Pinnenverlängerung) und Fieren der Großschot
7. Durch Abfallen (Ziehen der Pinnenverlängerung) sowie Fieren der Travellerschot, der Großschot und der Fockschot
8. Nach den Windfäden am Hanepot, die von der Seite aus 80 bis 90 Grad wehen sollen
9. Durch Abfallen, Fieren der Fockschot und Gewichtsverlagerung nach hinten
10. Durch Fieren der Großschot und der Fockschot, Anluven und Gewichtsverlagerung nach hinten

Halsen und Wenden

Halse:
Änderung der Fahrtrichtung durch Drehung mit dem Heck durch den Wind, um auf den anderen Vorwindkurs zu kommen

Wende:
Änderung der Fahrtrichtung durch Drehung mit dem Bug durch den Wind, um auf den anderen Am-Wind-Kurs zu kommen

Am-Wind-Kreuz:
Mit Wenden zwischen den beiden Am-Wind-Kursen „gegen den Wind“ (nach Luv) segeln

Vorwind-Kreuz:
Mit Halsen zwischen den beiden Vorwind-Kursen genau mit dem Wind (nach Lee) segeln

Neben den verschiedenen Kursen sind die Wende und die Halse zum Richtungswechsel die wichtigsten Grundmanöver beim Segeln. Sie sind sowohl zum bloßen Umkehren der Fahrtrichtung erforderlich, als auch zum Segeln „gegen den Wind“ oder genau mit dem Wind.
Im Vergleich zur Wende dreht der Kat bei der Halse wesentlich flüssiger und mit mehr Fahrt, denn die Segel haben während des Manövers fast immer Winddruck. Deshalb ist das Halsen bei leichtem bis mittlerem Wind für Einsteiger sogar schneller zu lernen als das Wenden. Je mehr Wind und Wellen herrschen, desto größer wird allerdings die Gefahr einer Kenterung durch Stecker, wenn nach der Halse zu stark angeluvt wird.

Halsen

Eine Halse ist eine Änderung der Fahrtrichtung um etwa 90 Grad, bei der das Heck durch den Wind dreht. Sie wird durch Abfallen vom einen auf den anderen Vorwindkurs gefahren, um ein Ziel zu erreichen, das genau in der Richtung liegt, in die der Wind weht (Lee). Ein Kat kreuzt also wie gesagt auch vor dem Wind zu einem Ziel in Lee. Der Weg dorthin wird Vorwind-Kreuz genannt.
Das Manöver beginnt, indem der Steuermann nach dem Blick leewärts, ob gefahrlos die Fahrtrichtung gewechselt werden kann, das Kommando „Klar zur Halse!“ gibt. Daraufhin nimmt der Vorschoter die Fockschot aus der Klemme in die Hand und antwortet „Klar!“. Dabei rutscht er aufs Trampolin, kniet mit dem Gesicht nach vorn und wartet auf das Drehen des Kats.

Pinnenverlängerung ziehen
Sobald der Vorschoter mit „Klar!“ geantwortet hat, zieht der Steuermann die Pinnenverlängerung und rutscht aus der Sitzposition auf den Knien in die Mitte des Trampolins. Sofern er die Großschot nicht eingeklemmt hatte, macht er das jetzt. Während der Kat abfällt, legt der Steuermann die Pinnenverlängerung parallel zur Spurstange auf die neue Luvseite oder wirft sie einfach nach hinten ins Wasser. Die Ruder hält er an der Spurstange eingeschlagen.

Fockschot fieren
Sobald das Heck beginnt, durch den Wind zu drehen, und die Fock einfällt (keinen Winddruck mehr hat), ruft der Vorschoter „Fock fällt ein!“. Dabei fiert er die alte Fockschot und greift zur neuen Fockschot, um die Fock für den neuen Vorwindkurs einzustellen.

Großsegel herüberziehen
Währenddessen greift der Steuermann die Großschottalje zwischen den Blöcken und zieht das Segel auf die neue Leeseite. Dabei darf er die Spurstange nicht loslassen, um die Ruder eingeschlagen zu lassen. Sonst stoppt der Kat die Drehung.

Steuerhand wird Schothand
Hat die Großschot mit dem Traveller die Mitte des Kats überschritten, folgt der „Handwechsel“. Die eine Hand läßt die Großschottalje los und übernimmt die Spurstange mit der Pinnenverlängerung, während die andere Hand das Ende der Schot greift.

Nicht zu weit anluven
Jetzt sollte der Steuermann sofort konzentriert nach vorn sehen, um den richtigen Kurs zu steuern. Dabei achtet er am besten auf die Windfäden an den Hanepotdrähten. Luvt der Steuermann nicht weit genug an, segelt der Kat zunächst nur langsam weiter. Das ist für Anfänger allerdings sicherer als zu weit anzuluven. Denn: Luvt der Steuermann zu weit an, besteht

bei starkem Wind die Gefahr eines Steckers. Der scheinbare Wind sollte am Ende der Halse möglichst bald wieder aus 80 bis 90 Grad kommen. Zum Schluß rückt der Steuermann zum Vorschoter in die neue Sitzposition entsprechend der Windstärke auf. Zur Erinnerung: Je mehr Wind, desto weiter hinten sitzt die Crew.

Bei Starkwind hinten sitzen

Bei Starkwind und bei hohen Wellen muß die Crew auch während der Halse ihr Gewicht möglichst weit nach hinten verlagern, damit beide Bugspitzen nicht zu tief eintauchen können. Das gilt auch für die Phase nach der Halse bei Starkwind. Erst wenn der Kat nicht mehr zum Stecker neigt, kann auch weiter angeluvt werden und durch Dichtziehen aller Schoten auf den Flieger-Kurs oder den Am-Wind-Kurs gegangen werden.

Wer aus dem Am-Wind-Kurs oder Flieger halsen will, muß vor dem Abfallen zur Halse unbedingt die Travellerschot auffieren. Sonst reißt die Strömung an den Rudern mit einer Wasserfontäne ab, der Kat ist nicht mehr steuerbar und fällt partout nicht ab.

Die Crew demonstriert eine perfekte Halse. Es ist bei Leichtwind für Einsteiger das einfachere, weil flüssigere Manöver.
Der Steuermann greift hier vor dem „Handwechsel" die Großschottalje, um das Segel auf die neue Leeseite zu ziehen.

Die Halse

1 *Mit dem Kommando „Klar zur Halse“ hat die Steuerfrau die Halse begonnen. Nachdem der Vorschoter die Fockschot in der Hand hatte, um sie aus der Klemme zu ziehen und aufzufieren, antwortete er mit „Klar“. Erst jetzt zieht die Steuerfrau zum Abfallen die Pinnenverlängerung.*

2 *Die Steuerfrau rutscht auf den Knien in die Mitte des Trampolins und faßt mit der freien Hand die Spurstange, um weiter abzufallen. Die Pinnenverlängerung wirft sie dabei ins Wasser. Der Vorschoter nimmt auch die andere Fockschot in die Hand.*

5 *Das Heck ist durch den Wind gedreht. Die Steuerfrau hat die Pinnenverlängerung wieder aus dem Wasser geholt und luvt auf dem neuen Vorwindkurs durch Drücken der Pinnenverlängerung an. Außerdem greift sie nach der Großschot. Der Vorschoter fiert die alte Fockschot auf und beginnt, die neue Fockschot dichtzuziehen.*

3 Während die Steuerfrau die Spurstange zum Abfallen weiter ganz gezogen hält, greift sie die Großschottalje. Der Vorschoter hat die alte und die neue Fockschot in den Händen.

4 Als das Heck durch den Wind dreht, zieht die Steuerfrau das Großsegel an der Schottalje auf die andere Seite. Der Vorschoter hat die alte Fockschot aus der Klemme gezogen.

6 Die Steuerfrau luvt noch etwas an, bis die Windfäden wieder aus 80 bis 90 Grad von der Seite wehen. Der Vorschoter läßt die alte Fockschot ganz los und zieht die neue noch etwas dichter, bis die Fock optimal bauchig steht. Beide nehmen ihre Sitzpositionen ziemlich weit vorn auf dem Luvschwimmer wieder ein.

Die Wende

1 *Nach dem Kommando „Klar zur Wende!“ der Steuerfrau und der Antwort „Klar!“ des Vorschoters luvt die Steuerfrau durch Drücken der Pinnenverlängerung an.*

2 *Die Steuerfrau rutscht auf den Knien in die Mitte des Trampolins und nimmt die Pinnenverlängerung bei eingeschlagenen Rudern in die neue Steuerhand. Der Vorschoter hält die Fockschot klar zum Ausklemmen.*

5 *Der Vorschoter zieht die Fock auf der neuen Leeseite langsam dichter. Mit zunehmender Fahrt des Kats zieht die Steuerfrau auch die Großschot wieder ganz dicht.*

3 *Die Bugspitzen zeigen in den Wind, und die Fock schlägt back. Das unterstützt die Drehung auf den neuen Am-Wind-Kurs. Die Steuerfrau hält die Ruder mit der Pinnenverlängerung weiter eingeschlagen und fiert die Großschot eine halbe Armlänge. Dadurch kann der Kat nach der Wende schneller wieder Fahrt aufnehmen.*

4 *Die Steuerfrau hat mit Blickrichtung nach hinten die Seite gewechselt und hält die Ruder auf dem neuen Am-WInd-Kurs jetzt durch Ziehen der Pinnenverlängerung zum Abfallen eingeschlagen. Der Vorschoter hat die Fockschot ausgeklemmt und fiert sie auf. Er wechselt mit Blickrichtung nach vorn auf die neue Luvseite.*

6 *Der Vorschoter rückt in die richtige Sitzposition und blickt in die Fock, um den Stand des Vorsegels zu kontrollieren und durch Dichtziehen oder Fieren der Fockschot einzustellen. Die Steuerfrau konzentriert sich auf die Fockfäden, um die richtige Höhe am Wind zu fahren.*

Kippstabilität:
Eigenschaft des Katamarans, durch sein Längen-/Breiten-Verhältnis von 2:1 im Vergleich zur Jolle (3:1) nicht so leicht zu kentern

Wendewinkel:
Der Winkel zwischen den beiden Am-Wind-Kursen (ca. 90 bis 100 Grad)

Windloch:
Stelle mit weniger Wind (Gegenteil von Böe)

Steuerhand:
Immer die hintere Hand des Steuermanns

Wenden

Eine Wende ist ebenfalls eine Änderung der Fahrtrichtung um etwa 90 Grad, bei der jedoch der Bug durch den Wind dreht. Sie wird durch Anluven vom einen auf den anderen Am-Wind-Kurs gefahren, um ein Ziel zu erreichen, das genau in Windrichtung (Luv) liegt. Das Segeln „gegen den Wind" wird meist kurz Kreuzen genannt. Gemeint ist eine Am-Wind-Kreuz, also das mehrfache Wenden zwischen den beiden Am-Wind-Kursen.

Nur auf Am-Wind-Kurs wenden

Weil ein Katamaran sich beim Anluven in den Wind nicht so freudig dreht, ist die Wende ein nicht ganz so einfaches Manöver wie bei der Jolle. Außerdem verliert ein Kat bei jeder kleinen Richtungsänderung schon ziemlich viel Fahrt. Deshalb wird die Wende grundsätzlich nur vom Am-Wind-Kurs aus gestartet, um nur einen möglichst kleinen Wendewinkel (ungefähr 90 bis 100 Grad) ausführen zu müssen.

Zum Vorteil gegenüber den Einrumpfbooten wird beim Wenden jedoch die größere Kippstabilität in dem Sinne, daß der Kat durch das Crewgewicht allein nicht nach Luv kentern kann. Entsprechend verzeiht er zum Beispiel, wenn der Vorschoter nicht rechtzeitig aus dem Trapez aufs Trampolin kommt.

Pinnenverlängerung langsam drücken

Der Steuermann leitet nach dem Blick luvwärts, ob gefahrlos gewendet werden kann, die Wende ein. Dazu gibt er das Kommando „Klar zur Wende!". Nachdem der Vorschoter die Fockschoten klariert hat, und mit „Klar!" geantwortet hat, gibt der Steuermann das Kommando „Ree!". Dann drückt er mit Gefühl die Pinnenverlängerung, damit die Fahrt nicht so schnell genommen wird. Dabei rutscht er auf den Knien aufs Trampolin und hockt vor der Großschot.

Nach dem „Ree" greift der Vorschoter mit einer Hand die neue Fockschot und löst mit der anderen die alte aus der Klemme. Wenn sie sich bei Starkwind zu fest eingezogen hat, muß sie direkt hinter der Klemme ruckartig herausgerissen werden. Der Vorschoter hält die Fock noch so lange back, bis der Kat deutlich mit dem Bug durch den Wind gegangen ist, damit der Kat die Drehung nicht stoppt.

Großschot eine halbe Armlänge fieren

In dem Moment, in dem der Kat mit dem Bug durch den Wind geht, wird die Großschot um eine halbe Armlänge gefiert und wieder eingeklemmt. Dadurch beschleunigt der Kat nach der Wende schneller. Danach nimmt der Steuermann die Pinnenverlängerung hinter der Großschot in die andere Hand und schlägt dabei die Ruder stärker ein, weil mit abnehmender Bootsgeschwindigkeit mehr Rudereinschlag zum Drehen des Kats notwendig ist.

Ruder immer eingeschlagen lassen

Währenddessen bewegt der Vorschoter sich mit Blickrichtung nach vorn flink übers Trampolin unterm Großsegel hindurch auf den anderen Schwimmer. Dann läßt er die alte Fockschot los und zieht die neue fast ganz dicht. Sobald der Kat in die neue Richtung mehr Fahrt aufnimmt, wird auch die Fockschot wieder ganz dichtgezogen. Damit die Drehung vollendet wird, müssen die Ruder auch beim Seitenwechsel der Crew unbedingt eingeschlagen bleiben. Mit zunehmender Fahrt zieht der Steuermann die Großschot wieder ganz dicht.

Bei Rückwärtsfahrt umgekehrt steuern

Das Wenden gelingt Einsteigern meist nicht auf Anhieb. Übung macht auch hier den Meister. Manchmal kommt der Kat bei der Wende im Wind zum Stehen und fängt an, rückwärts zu treiben. Dann muß der Vorschoter die Fock weiter backhalten, aber der Steuermann die Ruder durch Ziehen der Pinnenverlängerung schnell in die andere Richtung einschlagen, als wenn vor der Wende abgefallen werden sollte. Dadurch treibt der Kat nicht auf den alten Am-Wind-Kurs zurück, sondern dreht sich rückwärts in die neue gewünschte Fahrtrichtung. Durch Dichtholen der Fock auf der neuen Leeseite und Ziehen der Pinnenverlängerung nach dem Einnehmen der Sitzposition auf dem neuen Luvschwimmer fällt der Kat dann weiter ab und nimmt nach der „nachgeholfenen Wende“ Vorwärtsfahrt auf.

Trapezwende

Am Ablauf der Wende ändert sich im Prinzip nichts, wenn der Vorschoter im Trapez steht. Bevor eine Trapezwende gefahren wird, sollte Trapezsegeln und Wenden für sich allein beherrscht werden. Anfangs kommt der Vorschoter erstmal aus dem Trapez. Erst dann leitet der Steuermann die Wende ein. Nach der Wende geht der Vorschoter wieder in Ruhe ins Trapez.

Eine Trapezwende sollte erst segeln, wer das Trapezsegeln und das Wenden für sich allein beherrscht. Ansonsten kommt die Vorschoterin auf dem schnellen Am-Wind-Kurs erst aus dem Trapez auf den Luvschwimmer und hakt sich aus. Erst dann leitet der Steuermann die Wende ein.

Die Trapezwende

1 *Nachdem die Vorschoterin aus dem Trapez gekommen und „Klar!“ zur Wende ist, dreht der Steuermann den Kat durch Drücken der Pinnenverlängerung mit den Bugspitzen in den Wind und fiert die Großschot eine halbe Armlänge, bevor er sie für den Handwechsel einklemmt. Die Vorschoterin greift die alte, eingeklemmte Fockschot und die neue.*

2 *Die Fock hat etwa eine Sekunde backgestanden und den Kat vollständig durch den Wind gedreht. Nun löst die Vorschoterin die alte Fockschot. Der Steuermann kniet auf dem Trampolin und hält die Ruder mit der neuen Steuerhand hinter der Großschot an der Spurstange zum Wenden eingeschlagen.*

5 *Die Vorschoterin geht ins Trapez raus. Der Steuermann nimmt die Großschot dichter, wodurch der Kat noch mehr beschleunigt.*

3 *Die Vorschoterin zieht die Fockschot auf dem neuen Am-Wind-Kurs dicht. Der Steuermann hält die Ruder zum Abfallen noch etwas eingeschlagen. Dabei greift er die Pinnenverlängerung und die Großschot.*

4 *Nachdem die Vorschoterin die Fockschot in der Klemme belegt hat, hakt sie den Trapezbügel in die Trapezhose ein. Der Steuermann hat die Großschot nicht eingeklemmt, um durch Ziehen und Fieren der Schot das Anfahren und das Steigen des Schwimmers zu kontrollieren.*

6 *Die Vorschoterin steht jetzt sicher im Trapez und zieht die Fockschot noch etwas dichter. Der Steuermann fährt nach den Fockfäden einen sauberen Am-Wind-Kurs.*

Trapezgriff:
Griff am Ende des Trapezdrahts, an dem sich der Vorschoter beim Raus- und Reingehen unterstützend festhalten kann

Trapezbügel:
Das Ende der Trapezverstellung, welches unter den Haken an der Trapezhose eingehakt wird

Trapezhaken:
Haken an der Trapezhose, unter den der Trapezbügel gehakt wird

Trapezsegeln

Viele Einsteiger haben unnötig großen Respekt vor dem Trapezsegeln. Dabei fängt der Spaß am Katsegeln erst im Trapez so richtig an. Besonders bei Zweirumpfbooten ist es aber nicht halb so schwierig, wie es von außen den Anschein hat. Denn im Gegensatz zur Jolle kann fast kein Kat durch das Trimmgewicht der Crew am Trapezdraht nach Luv kentern. Also kann das Stehen im Trapez auch bei Flaute oder sogar an Land ohne Segel geübt werden.

Bevor der Vorschoter ins Trapez geht, sollte er zunächst die Fockschot dichtholen und einklemmen. Dann wird der Trapezbügel unter den Haken an der Trapezhose eingehängt. Eine kleine Federspange oder das Trapezgummi sichert ihn gegen unbeabsichtigtes Herausfallen.

Vorderes Bein anwinkeln

Indem der Vorschoter mit dem Gesäß über die Schwimmerkante nach außen rutscht, bringt er Spannung auf den Trapezdraht. Jetzt kann er das vordere Bein anwinkeln, als wollte er in die Hocke gehen, und den Fuß an die Kante der Bordwand stellen. Die Fockschot hält er dabei in der hinteren Hand.

Vorderes Bein zuerst strecken

Dann wird das vordere Bein gestreckt und der Körper eventuell mit Hilfe der abstützenden hinteren Hand ganz außenbords gebracht, während auch der hintere Fuß auf die Kante gesetzt wird. Die Hüfte sollte ganz gestreckt werden, so daß der Oberkörper „aufrecht“ steht.

Geschlossene Fußstellung

Die optimale Fußstellung ist entgegen einer weit verbreiteten Meinung möglichst geschlossen, wobei die Spitze des vorderen Fußes nach vorn gedreht (angewinkelt) wird. Dadurch richtet sich der Blick automatisch nach vorn in Fahrtrichtung und nicht zur Seite aufs Großsegel. Zu der geschlossenen Fußstellung gehört allerdings viel Übung. Segelschuhe mit geeigneter Sohle und ein Anti-Rutsch-Belag an der Rumpfkante sind unbedingt vonnöten. Außerdem darf der Steuermann keine ruckartigen Ruderbewegungen machen. Wer noch nicht so

Kleiner Mann ganz groß: Sogar Kinder können schon nach wenigen Übungsstunden auf einem Katamaran im Trapez stehen.

1 *Die Vorschoterin hat den Trapezbügel in die Trapezhose eingehakt. Die Fockschot hat sie in der Hand und rutscht mit dem Gesäß über die Rumpfkante nach außen.*

2 *Dann zieht sie das vordere Bein an und setzt den Fuß an die Rumpfkante.*

3 *Um nicht das Gleichgewicht zu verlieren, stützt sie sich mit der rechten Hand an der Rumpfkante ab und drückt sich heraus.*

4 *Zum Schluß wird auch der linke Fuß auf die Schwimmerkante gestellt, und anschließend werden beide Beine durchgedrückt. Mit der Fockschot in der Hand kann die Balance besser gehalten werden.*

sicher im Trapezsegeln ist, beugt mit einer leichten Grätschstellung dem „Umfallen“ bei Wellen nach vorn oder nach hinten vor. Außerdem kann er die Fockschot als zusätzlichen Halt nutzen.

Aus dem Trapez kommen

Um aus dem Trapez wieder aufs Trampolin zurückzukommen, wird zunächst der Oberkörper über die Hüfte nach vorn gebeugt, und der Vorschoter geht in die Hocke. Wenn er dabei Schwierigkeiten hat, kann er das Trapez vorher höher einstellen. Dann wird bei Leichtwind zuerst der vordere Fuß und bei Starkwind zuerst der hintere Fuß auf das Trampolin gesetzt. Danach rutscht der andere Fuß über die Kante aufs Trampolin und das Gesäß gegen die Bordwand. Mit der vorderen Hand kann der Vorschoter sich am Trapezgriff hochziehen und ganz auf den Schwimmer setzen. Wenn eine Wende eingeleitet werden soll, nimmt er die Fockschot in die vordere Hand und bereitet sich darauf vor. Hat nur ein Windloch das Verlassen des Trapezes erforderlich gemacht, hält er sich für die nächste Böe bereit. Die Stellung kann je nach Windstärke sitzend mit angewinkeltem Vorderbein oder in der Hocke sein.

Die meisten Einsteiger-Kats können auch von einer Einzelperson sogar im Trapez gesegelt werden. Auf einigen modernen Strandkatamaranen ist ein Doppeltrapez für Steuermann und Vorschoter vorhanden. Beide Techniken überfordern jedoch Einsteiger und sind etwas für Fortgeschrittene (siehe auch „Katamarane Das Buch“).

Die Crew demonstriert perfektes Trapezsegeln. Die Fußstellung der Vorschoterin ist geschlossen. Zur sicheren Balance hat sie den Vorderfuß angewinkelt auf die Kante gestellt. Dadurch dreht sie automatisch den Körper etwas, so daß sie nicht ins Großsegel, sondern nach vorn schaut. Schräg vor dem Luvschwimmer sind zum einen an der Kräuselung des Wassers Böen zu erkennen und zum anderen die ankommenden Wellen zu beobachten. Darauf kann die Vorschoterin dann rechtzeitig mit Schotarbeit oder Gewichtsverlagerung reagieren, damit der Kat sicher und schnell segelt.

? Fragen

1. Wie segelt ein Kat, um ein Ziel genau in Lee zu erreichen, und wie dreht er dabei durch den Wind?
2. Warum ist eine Wende mit einem Kat schwieriger zu segeln als eine Halse?
3. Wie kann der Vorschoter bei der Wende das Drehen der Bugspitzen durch den Wind unterstützen?
4. Welches Manöver wird durch Anluven eingeleitet, und was macht der Steuermann dazu mit der Pinnenverlängerung?
5. Was macht der Steuermann mit der Großschot, wenn der Kat bei der Wende mit dem Bug durch den Wind dreht?
6. Welches Kommando gibt der Vorschoter während der Halse, damit der Steuermann das Großsegel auf die andere Seite zieht?
7. Wie wird nach der Halse ein Stecker vermieden?
8. Wie lang soll das Trapez eingestellt sein?
9. Mit welchem Bein rutscht der Vorschoter bei Starkwind zuerst aufs Trampolin, wenn er aus dem Trapez kommt?
10. Wie hat der Vorschoter bei geschlossener Fußstellung einen sicheren Trapez-Stand?

! Antworten

1. Eine Vorwind-Kreuz mit Halsen, bei denen das Heck durch den Wind dreht
2. Der Kat ist ziemlich kursstabil und nicht so drehfreudig wie eine Jolle
3. Durch Backhalten der Fock
4. Er leitet die Wende durch Drücken der Pinnenverlängerung ein
5. Er fiert sie eine halbe Armlänge, damit der Kat nach der Wende schneller wieder Fahrt aufnimmt
6. „Fock fällt ein!“
7. Auf die Hanepotfäden achten und nicht über den Vorwindkurs hinaus anluven
8. Der Trapezbügel soll im Sitzen noch gerade eingehakt werden können
9. Mit dem hinteren Bein
10. Durch Anwinkeln des vorderen Fußes und Festhalten an der Fockschot

Noch mehr Manöver

Über das Wenden und Halsen hinaus gibt es noch einige Manöver, die beim Katsegeln ständig gebraucht werden. Sei es das Anfahren aus dem Stand, um überhaupt loszukommen, oder das Mann-über-Bord-Manöver. Bei der vergleichsweise hohen Geschwindigkeit der Kats kann die Crew außerdem eher ein Hindernis übersehen. Auf vielbefahrenen Gewässern ist manchmal ein Ausweichen oder Aufstoppen notwendig. Auch das Verhalten anderer Wassersportler kann ein sogenanntes Manöver des letzten Augenblicks erforderlich machen, wenn die allgemeingültigen Vorfahrtbestimmungen nach den Kollisionsverhütungsregeln (KVR) nicht rechtzeitig beachtet wurden. Alle Notmanöver sollten ohne Not geübt werden. Das vermittelt ein gutes Gefühl über das Verhalten des Kats in kritischen Situationen.

Der Kat liegt beigedreht. Die Fock ist mit der Luvschot backgeholt. Die Großschot wurde ganz aufgefiert. Das ist wichtig, weil dieser Kinder-Katamaran keinen Traveller hat. Die Pinnenverlängerung ist zum Anluven gedrückt, so daß der Kat ruhig auf der Stelle bleibt.

Beigedreht liegen

Ein wichtiges „Manöver" ist der Zustand, sicher auf der Stelle zu liegen, ohne daß die Gefahr einer Kenterung aus dem Stand oder des ungewollten Lossegelns besteht. Das wird „beigedreht liegen" genannt. Wer das beherrscht, kann in Ruhe eine Segelpause auf dem Wasser einlegen, zum Beispiel, um etwas zu reparieren oder nach einer Kenterung die Schoten zu klarieren.

Hat der Kat seine Fahrt durch Auffieren aller drei Schoten (Fock-, Groß- und Traveller-) vollständig verloren, werden Fock- und Großschot wieder dichtgezogen. Allerdings bleibt die Travellerschot aufgefiert. Die Pinnenverlängerung wird wie zum Anluven ganz gedrückt. Die Fock wird backgeholt, indem die Fockschot auf der Luvseite dichtgezogen und in der Klemme belegt wird. Dann liegt der Kat etwa auf Am-Wind-Kurs zum Wind beigedreht ruhig auf der Stelle. Wenn das Großsegel schlägt, muß der Vorliekstrecker weiter gefiert werden. Bei kleinen Kinder-Kats ohne Traveller ist es wichtig, die Großschot ganz aufzufieren, damit der Kat nahezu auf der Stelle liegen bleibt.

Anfahren aus dem Stand

Liegt ein Kat ohne Fahrt auf der Stelle, muß die Crew das Anfahren aus dem Stand einleiten. Das kann beim Ablegen oder nach einer Segelpause auf dem Wasser nötig sein und geschieht entweder aus dem gewollten Zustand, wenn der Kat beigedreht liegt, oder aus dem ungewollten Zustand, wenn der Kat zum Beispiel nach einer mißlungenen Wende im Wind steht.

Zum Anfahren muß der Kat auf Am-Wind-Kurs liegen. Wurde er vorher beigedreht, stimmt die Fahrtrichtung bereits. Wenn er mit den Bugspitzen genau im Wind liegt, muß der Vorschoter die Fockschot auf der entgegengesetzten Seite der Richtung, in die losgefahren werden soll, dichtziehen. Dadurch steht die Fock back und drückt den Kat vorn aus dem Wind. Travellerschot und Großschot sind aufgefiert.

Um das Drehen in die neue Fahrtrichtung zu unterstützen, kann der Steuermann bei Rückwärtsfahrt zusätzlich die Pinnenverlängerung drücken.

Liegt der Kat zum Anfahren auf dem Am-Wind-Kurs bereit, spürt die Crew den wahren Wind schräg von vorn. Das zeigen auch die Windfäden an den Hanepotdrähten an, solange noch kein Fahrtwind dazukommt. Sofern es noch nicht geschehen ist, zieht der Steuermann zunächst die Großschot halb dicht und belegt sie in der Klemme. Dann zieht der Vorschoter die Fockschot dicht. Das „Gaspedal" hat der Steuermann in Form der Travellerschot in der Hand. Zieht er sie halb dicht und gleichzeitig die Pinnenverlängerung zur Unterstützung etwas zum Abfallen an, nimmt der Kat sofort Fahrt auf. Sobald er sich vorwärts bewegt, reagiert er auch auf Ruderbewegungen zum Anluven oder Abfallen. Dann zeigen auch die Windfäden den scheinbaren Wind an, mit dem gesegelt wird, und der Steuermann kann den gewünschten Kurs segeln.

Aufstoppen und Ausweichen

Das sicherste Manöver, um einen Zusammenstoß mit einem anderen Boot oder einem Hindernis zu vermeiden, ist – falls möglich – ein Aufstoppen durch starkes Anluven. Wird die Pinnenverlängerung abrupt ganz gedrückt, wird der Katamaran sofort langsamer. Zusätzlich werden die Großschot und die Travellerschot aufgefiert, um das schnelle Aufstoppen zu unterstützen. Bei diesem Manöver bleibt der Kat immer steuerbar.

Ein abruptes Ausweichen nach Lee ist beim Kat fast nicht möglich, weil er beim Abfallen einen

Beigedreht liegen: *Mit dem Kat unter Segeln ruhig auf der Stelle liegen*

Auf einem Bug segeln: *Die Segel auf einer bestimmten Seite haben, zum Beispiel Backbord-Bug heißt, die Segel stehen auf der linken Seite*

Wegerecht: *Vorfahrtregelung unter Wasserfahrzeugen*

Kollisionsverhütungsregeln: *Gesetzlich gültige Bestimmungen zur Vermeidung von Zusammenstößen auf dem Wasser*

Sportbootführerschein: *Amtlicher Führerschein (Binnen und See), für Katsegler nicht vorgeschrieben (außer in Berlin)*

Um aus schneller Fahrt aufzustoppen, kommt die Vorschoterin aus dem Trapez oder hält sich rechtzeitig gut fest, damit sie durch das abrupte Manöver nicht nach vorn geschleudert wird.

Dann fiert der Steuermann die Travellerschot auf und drückt die Pinnenverlängerung stark. So fährt er einen Aufschießer, zum Beispiel um vor einem Hindernis oder beim Anlegen zu halten. Das Aufstoppen ist das sicherste Manöver, um einen Zusammenstoß zu vermeiden, und wird auch als erstes gesegelt, wenn der Vorschoter über Bord gegangen ist.

Durch das Anluven, bis die Fock im Vorliek etwas eingefallen ist, kommt der Kat zum Stehen. Die Restfahrt kann herausgenommen werden, indem nochmal kurz die Pinnenverlängerung gezogen und wieder stark gedrückt wird.

„großen Wendekreis" hat. Das liegt weniger an der relativ hohen Geschwindigkeit, sondern vielmehr an den schlanken Schwimmern, die ihn ausgesprochen kursstabil machen. Weil beim Abfallen der Leeschwimmer zudem ins Wasser eintaucht und der Luvschwimmer steigt, scheint der Kat zunächst wie auf Schienen geradeaus zu fahren. Deshalb ist es ganz wichtig, die Travellerschot schnell aufzufieren und das Gewicht nach hinten zu verlagern. Dabei wird der Kat auch langsamer. Wer nur die Pinnenverlängerung ganz zieht, wird merken, daß der Kat sich nicht mehr steuern läßt, weil die Wasserströmung an den Rudern abgerissen ist. Das ist an einer Art Wasserfontäne hinter den Rudern zu sehen.

Vorfahrtregeln

Für die Begegnung von Wasserfahrzeugen gibt es Vorfahrtregeln, die wie im Straßenverkehr festgeschrieben und geltendes Recht sind. Jeder sollte sie kennen und beachten, damit es auf dem Wasser nicht zu Unfällen kommt und alle ihren ungetrübten Spaß am Katsegeln oder anderen Wassersportarten haben. Wenn es dennoch zu einem Zusammenstoß mit Schäden kommt, wird die Haftungsfrage nach diesen Grundsätzen beantwortet.

Die wichtigste Vorfahrtregel unter Segelbooten, die ihre Segel auf unterschiedlichen Seiten stehen haben, heißt „Wind von Steuerbord hat Wegerecht vor Wind von Backbord". Fahren beide Boote mit den Segeln auf der gleichen Seite, hat das Boot, das in Lee liegt, Wegerecht vor dem Boot in Luv, wenn sich die Wege kreuzen. Die Regel wird kurz „Lee vor Luv" genannt. Beide Vorfahrtregeln sind in zwei Grafiken ausführlich erklärt. Eine weitere Grundregel heißt, der Überholer muß sich freihalten. Unter Kleinfahrzeugen gilt indes, daß ein Segelboot, also auch ein Katamaran, Vorfahrt vor einem Boot

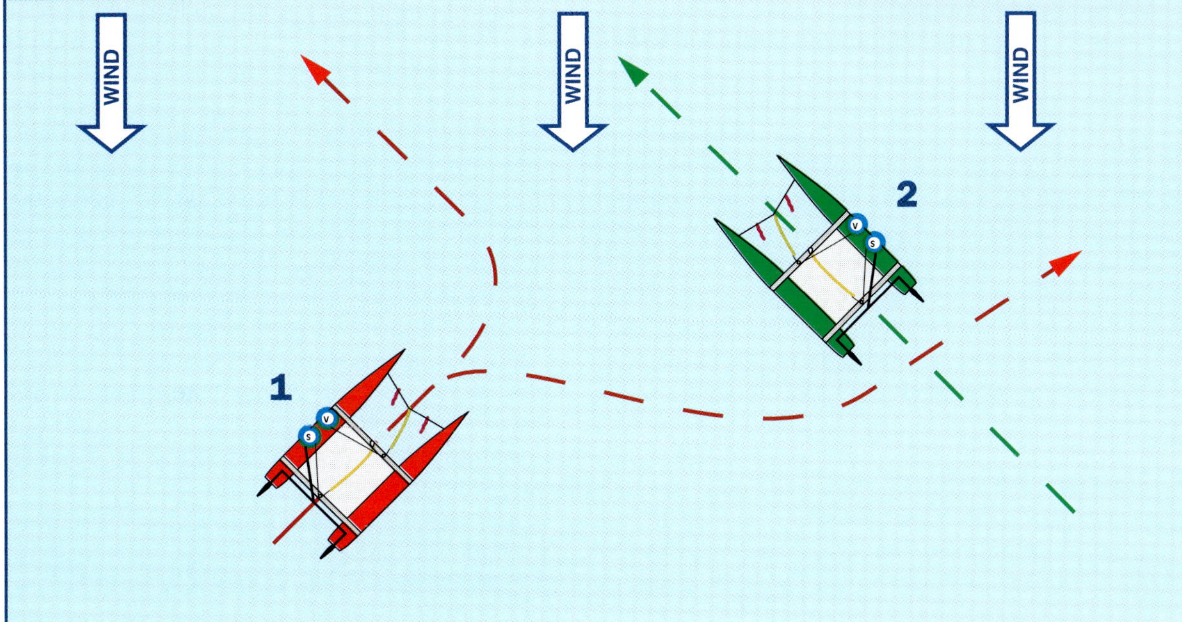

Wind von Steuerbord vor Wind von Backbord

*Segeln zwei Boote auf unterschiedlichem Bug (Segel auf verschiedenen Seiten), ist der rote Kat (**1**) mit Wind von Backbord ausweichpflichtig gegenüber dem grünen Kat (**2**) mit Wind von Steuerbord, der Vorfahrt hat.*

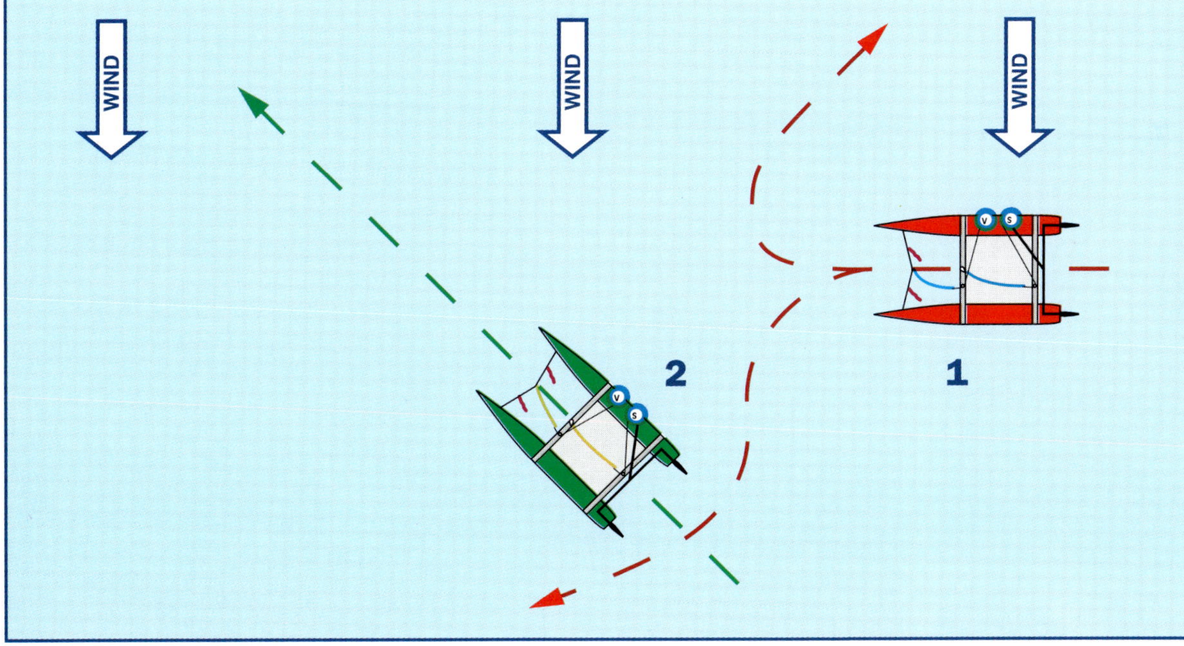

Lee vor Luv

*Segeln zwei Boote auf gleichem Bug, (Segel auf der gleichen Seite), hat der grüne Kat (**2**), der in Lee liegt und höher zum Wind segelt, Vorfahrt gegenüber dem roten Kat (**1**), der in Luv liegt, tiefer zum Wind segelt und ausweichpflichtig ist.*

ohne Segel- und Motorantrieb hat. Zum Beispiel Ruderer und Paddler müssen dem Katsegler ausweichen.
Gegenüber einem motorbetriebenen Sportboot (bis 20 Meter) hat ein Segelboot immer Vorfahrt (Ausnahme: gekennzeichnete Fahrwasser). Allerdings sollte sich jeder überlegen, ob er stur auf sein Recht pocht, wenn er mit einem Motorboot auf Kollisionskurs liegt, das keine Anstalten zum Ausweichen macht. Grundsätzlich sollte sich jeder Wassersportler so verhalten, daß er seinen Sport ausübt, indem kein anderer vermeidbar belästigt, behindert oder gar gefährdet wird.

Mann über Bord

Das Mann-über-Bord-Manöver ist nicht zu Unrecht Bestandteil aller Prüfungen zum Sportboot-Führerschein. Denn es ist sehr wichtig, daß auch ein Katsegler jemanden bergen kann, wenn derjenige mehr oder weniger hilflos auf dem freien Wasser schwimmt. Meist ist das ohnehin der eigene Crewpartner, der bei einem mißglückten Manöver über Bord gegangen ist. Das kann sowohl dem Vorschoter (zum Beispiel beim Trapezsegeln), aber auch dem Steuermann (zum Beispiel in einer Welle) passieren. Deshalb sollten beide das Mann-über-Bord-Manöver beherrschen.
Am besten wird es zunächst mit einem schwimmfähigen Gegenstand geübt. Dann macht es nichts, wenn das Manöver ein paarmal mißlingt. Das erste Mann-über-Bord-Manöver sollte bei Leichtwind und warmer Witterung geübt werden. Aber: Es sollte auf jeden Fall geübt werden!
Ist der Mitsegler bzw. der Gegenstand über Bord gefallen, müssen sofort alle drei Schoten aufgefiert werden, damit der Kat an Fahrt verliert. Außerdem wird so die Kentergefahr wieder

1 Die Vorschoterin wollte ins Trapez gehen und hatte den Trapezbügel nicht richtig untergehakt. Folge: Frau über Bord!

2 Der Steuermann stoppt auf (Traveller auffieren und anluven) und schaut sich nach der Vorschoterin um.

Mann-über-Bord-Manöver

verringert, die ja steigt, wenn der Mitsegler mit seinem Gewicht plötzlich nicht mehr auf dem Luvschwimmer sitzt. Kentert der Kat trotzdem, muß er durchgekentert (Mast nach unten) werden, damit er nicht so schnell vom anderen Segler wegtreibt. Sind beide wieder an Bord, wird das Aufrichten vorbereitet.
Ist der Kat durch das Auffieren der Schoten und das Anluven zum Stehen gebracht, muß die zweite Person im Wasser gesucht werden. Das ist bei hohen Wellen und schlechter Sicht, zum Beispiel durch Regen, manchmal gar nicht so einfach.
Durch erneutes Anfahren (mit aufgefierter Travellerschot, eingerollter Fock oder aufgefierter Fockschot und Abfallen zur Halse) wird versucht, möglichst eng zu drehen, um sich nicht zu weit von der schwimmenden Person zu entfernen. Nach der Halse wird sie so angesteuert, daß der an Bord verbliebene Segler den Crewpartner mit der Hand außen am Luvschwimmer erreichen kann. Die Geschwindigkeit wird mit dosiertem Dichtziehen und Fieren der Travellerschot kontrolliert, um den Über-Bord-Gegangenen nicht überzufahren.
Sobald der Kat dicht in Lee neben der schwimmenden Person ankommt, wird angeluvt, um die Restfahrt zu stoppen. Um den Mitsegler an Bord zu holen, wird die Pinnenverlängerung bei offener Travellerschot zum Anluven gedrückt.
Hat der Gerettete Schwierigkeiten, an Bord zu kommen, wird durch Reichen einer Hand, mit dem Trapez oder der Aufrichtleine geholfen. Am einfachsten ist es, über das flache Heck (eines Schwimmers) aufzusteigen, wenn der andere sein Gewicht gleichzeitig nach hinten verlagert. Auf dem Trampolin sollten beide erstmal verschnaufen, bevor weitergesegelt wird. Denn ein Mann-über-Bord-Manöver kostet meist beide viel Kraft.

3 *Der Steuermann leitet das Mann-über-Bord-Manöver ein. Die Fockschot wird aufgefiert (oder Fock einrollen). Mit weiter aufgefierter Travellerschot und halb gefierter Großschot fällt er ganz hinten sitzend durch Ziehen der Pinnenverlängerung ab.*

6 *Nach der Halse nähert sich der Kat langsam der Schwimmenden. Die Geschwindigkeit wird mit der Travellerschot dosiert.*

7 *Die Vorschoterin wird so angesteuert, daß sie außen am Luvschwimmer an Bord genommen werden kann. Ist die Verbindung hergestellt, luvt der Steuermann unter Auffieren der Travellerschot kurz an und reicht ihr die Hand.*

4 *Der Steuermann dreht den Kat eng auf der Stelle, um sich nicht zu weit von der Vorschoterin zu entfernen, die er immer mit einem Auge im Blick behält.*

Mann-über-Bord-Manöver

6

7

5 *Sobald sich der Kat ungefähr seitlich der Schwimmenden befindet, fährt der Steuermann eine Halse. Mit aufgefierter Fockschot und Travellerschot ist das auch bei Starkwind kein Problem.*

8 *Mit Hilfe des Trapezes oder der Fußschlaufe in der Aufrichtleine und Unterstützung des Steuermanns wird die Vorschoterin wieder an Bord gezogen.*

9 *Die Vorschoterin zieht sich auf den Schwimmer. Das geht einfacher, wenn der Steuermann ganz nach hinten rückt und sie am so tieferliegenden Heck aufsteigt.*

8

9

Segeln bei Starkwind

Starker, böiger Wind und hohe Wellen sind beileibe nicht die idealen Bedingungen für einen Einsteiger, das Katsegeln zu lernen. Trotzdem kann jeder auf dem Wasser von zunehmendem Wind überrascht werden. Deshalb ist es ganz wichtig, den Kat immer sicher an Land segeln zu können. Dabei ist folgendes zu beachten:

Großsegelvorliekstrecker
Der Vorliekstrecker muß bei Starkwind auf allen Kursen ganz stramm dichtgezogen werden.

Travellerschot
Die Travellerschot wird bei zunehmendem Wind stärker gefiert, als sonst auf den Kursen üblich. Auf dem Am-Wind-Kurs ist sie bereits halb gefiert und auf dem Flieger halb gefiert bis fast aufgefiert. Auf dem Vorwindkurs bleibt sie ganz aufgefiert.

Sitzen die Grundmanöver erst, wollen auch junge Einsteiger bald die hohe Schule des Katsegelns erlernen und sogar bei Starkwind aufs Wasser.

Großschot
Um die Großschot jederzeit schnell fieren zu können, wird sie am Wind und auf dem Flieger nicht eingeklemmt, sondern aus der Hand gefahren. Auch auf dem Vorwindkurs muß sie zum Fieren bereit sein, auch wenn sie eingeklemmt wird.

Fockschot
Auch die Fockschot muß bei Starkwind jederzeit zum Fieren bereit sein. Weil die Wirkung des Fierens auf dem Vorwindkurs am größten ist, sollte sie hier aus der Hand gefahren werden. Das gilt auch für den Flieger, wenn die Kraft dazu reicht. Bei manchen Kats kann die Fock auch eingerollt werden.

Sitzposition
Die Verlagerung des Crewgewichts trägt zum sicheren Segeln bei. Auf dem Am-Wind-Kurs sind die Sitzpositionen möglichst auf der Außenkante des Luvschwimmers am Want (Vorschoter) und direkt hinter dem Want (Steuermann). Auf dem Flieger-Kurs und dem Vorwindkurs rückt die Crew je nach Steckergefahr, die auch wellenabhängig ist, möglichst weit nach hinten an den Achterbeam.

Steuertechnik
Wenn es darum geht, den Kat sicher nach Hause zu bringen, wird anders gesteuert als bei normalen Bedingungen.

Auf dem Am-Wind-Kurs und dem Flieger sollte so weit angeluvt werden, daß die Fock im unteren Drittel im Vorliek von vorn bereits eingedrückt wird. Der Luvfaden in der Fock darf stark steigen, weil etwas über die Windkante hinaus angeluvt wird.

Das gilt auch für die Windkante auf dem Vorwindkurs. Die Hanepotfäden wehen aus mindestens 90 Grad oder in den Böen auch etwas von hinten. Dann reißt zwar die Windströmung an den Segeln ab, aber die Kentergefahr bleibt gering.

Fragen

1. Wie ist ein Kat mit Traveller unter Segeln ruhig auf der Stelle zu halten?
2. Wie muß gesteuert werden, um den Kat aus dem Wind zu drehen, wenn er rückwärts treibt?
3. Wie kann ein Kat auf dem Am-Wind-Kurs schnell aufgestoppt werden?
4. Wie kann der Steuermann beim Ausweichen verhindern, daß der Kat geradeaus weiterfährt statt abzufallen?
5. Zwei Kats mit Wind von Steuerbord begegnen sich. Wer hat Wegerecht?
6. Zwei Kats mit den Segeln auf unterschiedlichen Seiten begegnen sich. Welcher Kat muß ausweichen?
7. Muß ein Kat einem Ruderboot ausweichen?
8. Auf welcher Seite wird ein schwimmender Mitsegler an Bord genommen?
9. Warum werden als erstes Traveller- oder Großschot aufgefiert und angeluvt, wenn jemand über Bord gegangen ist?
10. Was ist bei Wellengang und schlechter Sicht beim Mann-über-Bord-Manöver besonders wichtig?

Antworten

1. Pinnenverlängerung drücken, Travellerschot auffieren, Großschot dichtziehen, Fock backhalten (Beigedreht liegen)
2. Pinnenverlängerung drücken
3. Durch Auffieren aller Schoten und starkes Drücken der Pinnenverlängerung
4. Er muß unbedingt die Travellerschot auffieren
5. Der Kat in Lee, der höher zum Wind segelt (Lee vor Luv)
6. Der Kat mit Wind von Backbord muß dem Kat mit Wind von Steuerbord ausweichen
7. Nein
8. Auf der Luvseite außen am Schwimmer.
9. Weil durch das fehlende Crewgewicht die Kentergefahr größer ist und der Kat möglichst aufgestoppt werden soll.
10. Eine enge Halse mit aufgefierter Travellerschot, um sich vom Über-Bord-Gegangenen nicht zu weit zu entfernen

Kentern und Aufrichten

Einsteiger haben oft unnötige Angst vor dem Kentern. Das ist zum einen die Furcht, im relativ unkontrollierten Moment des Kenterns selbst sich zu verletzten oder Materialbruch zu erleiden, und zum anderen die Befürchtung, den Kat nicht wieder aufgerichtet zu bekommen. Beides, das Kentern und das Aufrichten, kann jedoch – wie jedes andere Manöver auch – geübt und beherrscht werden. Wer es einmal ausprobiert hat, wird sehen, daß alles halb so schlimm ist.

Auf dem Flieger-Kurs muß die Crew aufpassen, daß weder der Luvschwimmer zu stark steigt und eine Kenterung nach Lee droht noch der Leeschwimmer die Wasseroberfläche unterschneidet, wodurch es zum Stecker kommen kann.

Kentern über die Spitzen

1 *Die Steuerfrau fällt bei starkem Wind auf dem Flieger-Kurs mit dichtgezogener Travellerschot und Fockschot auf einen raumen Flieger ab. Der Leeschwimmer unterschneidet bereits.*

2 *Die Vorschoterin steht für diesen Kurs zu weit vorn und kann das Gewicht nicht mehr nach hinten verlagern. Der Kat beginnt seine Vollbremsung.*

3 *Durch den Stecker fliegt die Vorschoterin in Luv am Schwimmer vorbei, und die Steuerfrau rutscht übers Trampolin nach vorn.*

4 *Die „Landung" sieht spektakulär aus, gefährlich ist sie aber an sich nicht, denn die Crew trägt richtige Segelkleidung mit Schwimmwesten.*

5 *Für einen Moment scheint alles außer Kontrolle geraten zu sein. Die Vorschoterin landet auf dem Rücken und hat keinen Kontakt mehr zum Boot. Auch die Steuerfrau ist „untergetaucht", hat aber noch eine Hand an der Pinnenverlängerung.*

6 *Mit der Großschot in der anderen Hand versucht die Steuerfrau, den durch die Auftriebskraft nach oben schnellenden Kat zu bändigen. Die Vorschoterin ist in der Nähe des Kats geblieben und kann zum Aufrichten schwimmen.*

Kentern über die Spitzen

Am häufigsten kommt das Unterschneiden des Leeschwimmers in einer Welle beim Abfallen, auf dem Flieger oder auf dem Vorwindkurs vor. Solche sogenannten Stecker wirken wie eine einseitige Vollbremsung, und der Kat kentert schräg nach vorn über, wenn die Crew nicht rechtzeitig reagiert und dem Kentern entgegengewirkt hat.

Nicht den Kontakt zum Boot verlieren

Das oberste Gebot nach dem Kentern lautet: Nicht den Kontakt zum Boot verlieren! Denn das Boot ist durch Auftriebskörper in den Schwimmern unsinkbar und auch im gekenterten Zustand der sicherste Ort, um auf Hilfe zu warten. Die einfachste Möglichkeit, um am Boot zu bleiben: Die jeweilige Schot, die in der Hand gehalten wird, auf keinen Fall loszulassen.

Wenn einer von zwei Seglern den Kontakt zum Boot verloren hat, muß der andere versuchen, den Kat durchzukentern, indem er auf den Mast und das Segel steigt und diese herunterdrückt. In seitlicher Lage mit aufrechtem Trampolin treibt der Kat nämlich schneller ab, als ein Mensch hinterherschwimmen kann.

Kentern nach Lee

Kippt der Kat windbedingt nach Lee um, versucht die Crew zunächst, auf dem Luvschwimmer zu bleiben, anzuhocken und über das Trampolin, dort wo sie am besten absteigen kann, auf den unteren Schwimmer zu steigen.

Geht das Absteigen schnell genug, dreht der Kat mit dem Mast in den Wind. So dreht sich der Kat meist auch, wenn er über die Spitzen gekentert ist, wodurch das Aufrichten dann einfacher wird.

Geschieht das Absteigen nicht schnell genug, kann der Kat auch durch das Gewicht der Crew oder den Winddruck von Luv auf die Unterseite des Trampolins durchkentern.

Kentern nach Lee und Durchkentern

1 Der Kat kentert durch zuviel Winddruck nach nach Lee. Der Steuermann versucht, sich am oberen Schwimmer festzuhalten, während die Vorschoterin übers Trampolin nach unten rutschen wird.

2 Der Kat wurde durchgekentert. Der Steuermann führt die Aufrichtleine, die an den Mastfuß geknotet ist, unter dem Luvschwimmer hindurch.

Aus dem Durchkentern halb aufrichten

Ist ein Kat durchgekentert, wird zunächst die Aufrichtleine über den Luvrumpf des durchgekenterten Kats geführt. Bei einer Zweimann-Crew nimmt jeder ein Ende der Aufrichtleine, die vor dem Ablegen in ihrer Mitte am Mastfuß befestigt worden ist. Um Kraft zu sparen, wird die Leine zweimal um den Haken der Trapezhose gewickelt und dann festgehalten. Wenn keiner eine Trapezhose trägt, helfen auch mehrere in kleinen Abständen geknotete Achtknoten in der Aufrichtleine, um sich an ihr festzuhalten. Die Kraft wird später nötiger gebraucht, um zurück aufs Trampolin zu klettern. Außerdem kann die Crew ohne „lange Arme" geduldig warten, bis sich der Kat allmählich aufrichtet.

Daran zieht die Mannschaft, während sie am hinteren Beam auf dem Leerumpf steht. Dadurch taucht die Luvschwimmerspitze auf, und Wind, Oberflächenströmung und Wellen drücken das Trampolin in Windrichtung. Vor allem das Großsegel bremst dabei unter Wasser wie ein Treibanker und richtet den Kat schnell halb auf.

Aufrichten

Dann rückt die Crew an der Aufrichtleine zum Vorderbeam. Dort werden zunächst Großsegelvorliekstrecker und Fockschot aufgefiert. Bei leichtem Wind soll die Mastspitze genau in Windrichtung zeigen, weil der Wind dann aufs Trampolin drückt und beim Aufrichten hilft.

Manchmal läßt sich ein Kat trotz korrekter Technik nicht aufrichten. Das liegt meist daran, daß der Mast voll Wasser läuft, weil er nicht abgedichtet wurde. Das sollte jeder Katsegler bei seinem eigenen Boot sicherstellen, auch bevor jemand anderes damit lossegelt. Dann kann der Spaß am Katamaransegeln selbst durch eine Kenterung nicht mehr getrübt werden.

Sobald sich der Kat ganz aufzurichten beginnt, darf der Vorderbeam nicht losgelassen werden,

3 *Die Crew sitzt auf dem Leeschwimmer und hat die außen um den Luvschwimmer herumgeführte Aufrichtleine in den Händen. Jetzt kann das weitere Aufrichtmanöver besprochen werden.*

4 *Die Crew stellt sich auf die Unterseite des Leeschwimmers und zieht an der Aufrichtleine. Wenn der Kat nicht hochkommen würde, müßte sie sich weiter nach hinten stellen, um die Spitze des Luvschwimmers aus dem Wasser zu heben.*

5 *Die Vorschoterin hat die Aufrichtleine unter den Haken ihrer Trapezhose gebunden, um nicht mit den Händen abzurutschen und ihr Gewicht besser zum Aufrichten einzusetzen. Langsam kommt der Mast an die Wasseroberfläche.*

7 *Mit der Mastspitze nach Luv richtet die Crew den Kat ganz auf. Manchmal ist es jedoch einfacher, wenn die Bugspitzen in den Wind gerichtet sind, weil das Wasser dann schneller aus dem Großsegel ablaufen kann.*

8 *Mit der Mastspitze nach Luv ist auch die Gefahr größer, daß der Kat gleich wieder zu anderen Seite kentert. Dies verhindert die Crew aber, indem sie rechtzeitig den Vorderbeam greift.*

Kentern und Aufrichten

7

8

6 *Als der Kat halb aufgerichtet ist, nimmt der Steuermann den Großsegelvorliekstrecker und die Fockschot aus ihren Klemmen. Großschot und Travellerschot sind bereits aufgefiert.*

9 *Der Steuermann steigt in einer Ecke zwischen Schwimmer und Vorderbeam, wo es am einfachsten ist, auf den Kat. Die Vorschoterin schafft es auch direkt über den Vorderbeam.*

10 *Zurück an Bord wird alles auf eventuelle Schäden kontrolliert, und die Crew kann erstmal verschnaufen. Dann geht's weiter.*

9

10

Kentern und Aufrichten

1 *Der Einmann-Segler hakt sich aus dem Trapez aus und vermeidet so den Sprung ins Segel, wo er sich nicht festhalten kann.*

2 *Vorsichtig steigt er auf den unteren Schwimmer hinab. Wer hier nach hinten ins Wasser springt, kann schnell den Kontakt zum Kat verlieren.*

4 *Der Segler geht auf dem Schwimmer nach vorn. Dadurch dreht der Kat mit den Bugspitzen in den Wind. Reicht das nicht zum Aufrichten, muß weiter vorn stehengeblieben werden, bis der Kat mit der Mastspitze in den Wind zeigt. Dann drückt der Wind als Aufrichthilfe gegen das Trampolin.*

3 *Der Kat läßt sich nicht ohne weiteres aufrichten, da der Wind auf die Unterseite des Trampolins drückt.*

5 *Hier reicht es, indem die Bugspitzen in Windrichtung liegen. Muß länger gezogen werden, kann die Aufrichtleine zur Entlastung um den Trapezhaken gelegt werden.*

6 *Nachdem der Kat wieder aufgrichtet ist, darf die Aufrichtleine erst losgelassen werden, wenn der Beam bereits sicher gegriffen wurde, damit der Kontakt zum Kat auch in dieser Position nicht abreißt.*

5

6

damit der Kat nicht gleich wieder zur anderen Seite kentert, sondern schneller in den Wind dreht. Wenn sich der Katamaran nicht aufrichten läßt, obwohl die Mastspitze in den Wind zeigt, sollten auch die Großschot und die Travellerschot aufgefiert werden, damit das Wasser beim Aufrichten aus dem Großsegel ablaufen kann.

Bugspitzen in den Wind drehen

Bei Starkwind setzt sich die Mannschaft auf die Bugspitze und hält die Beine ins Wasser, muß sich aber gut festhalten. Die Beine als Treibanker drehen die Bugspitzen allmählich in den Wind. Dann geht die Crew auf dem Rumpf zum Vorderbeam zurück und zieht dort wie üblich an der Aufrichtleine. So drückt der Wind von der Vorderkante des Masts aufs Segel, das sich dadurch aus dem Wasser hebt. Beim Aufrichten steht der Kat gleich mit den Bugspitzen im Wind. Wenn sich der Kat aufrichtet, hält sich die Mannschaft am besten am Vorderbeam fest, und verhindert so gleichzeitig, daß der Kat zur anderen Seite wieder kentert. In der Ecke zwischen Vorderbeam und Rumpf klettert es sich am besten an Bord. In Höhe der Wasseroberfläche sollte ein Palstek als Fußschlaufe in die Aufrichtleine geknotet sein (siehe Seite 30), die beim Aufsteigen auf den Kat hilfreich ist.

Aufklaren nach dem Kentern

Zurück auf dem Trampolin werden als erstes die Schoten klariert und die Ruder kontrolliert. Beigedreht liegend wird eine Pause gemacht, um das weitere Vorgehen abzusprechen. Bei Materialschäden, Kraftlosigkeit oder leichten Verletzungen sollte unverzüglich an Land gesegelt werden. Hat der Wind erheblich zugelegt, wird wie bei Starkwind eventuell mit eingerollter Fock sicher an Land zurückgesegelt.

Beim Aufrichten sollten Steuermann und Vorschoter an den Vorderbeam fassen, um das erneute Kentern zur anderen Seite zu vermeiden, und damit sie den Schwimmer nicht an den Kopf bekommen.

Fragen

1. Warum muß beim Kentern unbedingt der Kontakt zum Kat gehalten werden?
2. Wie kann die Crew am besten versuchen, beim Kentern den Kontakt zum Kat zu halten?
3. Was macht der Steuermann, wenn der Vorschoter beim Kentern den Kontakt zum Kat verloren hat?
4. Wo befindet sich die Aufrichtleine?
5. Wie wird das Aufrichten nach dem Durchkentern mit der Aufrichtleine vorbereitet?
6. Welche Knoten sollte die Crew zur Unterstützung des Aufrichtmanövers an der Aufrichtleine angebracht haben?
7. Wie sollten alle Schoten vor dem Aufrichten eingestellt werden?
8. In welche Richtung sollten die Bugspitzen vor dem Aufrichten vor allem bei Starkwind zeigen und warum?
9. Wie kann die Crew beim gekenterten Kat die Bugspitzen in den Wind drehen?
10. Wie kann die Crew beim Aufrichten verhindern, daß der Kat gleich wieder zur anderen Seite kentert?

Antworten

1. Der Kat treibt mit dem Mast nach Luv schneller, als die Crew schwimmt
2. Jeder hält die jeweilige Schot, die er vorher in der Hand hatte, beim Kentern fest
3. Er steigt auf Großsegel und Mast, um den Kat durchzukentern, damit er nicht so schnell abtreiben kann
4. Sie sollte am Mastfuß festgeknotet und in der Trampolintasche verstaut sein
5. Die Aufrichtleine wird vom Mastfuß außen um den Luvschwimmer herum zum Leeschwimmer geführt
6. Achtknoten verhindern das Abrutschen der Hände, ein Palstek als Fußschlaufe erleichtert das Aufsteigen
7. Aufgefiert
8. Die Bugspitzen sollten nach Luv zeigen, damit der Kat nicht gleich wieder zur anderen Seite kentert
9. Indem sie ihr Gewicht nach vorn auf die Spitze des Schwimmers verlagert
10. Durch Festhalten am Vorderbeam und Stabilisieren des Kats im Moment des Aufrichtens